ARDOUIN 1969

LES
TONNES D'OR

PAR

LE VICOMTE PONSON DU TERRAIL

auteur de

La Tour des Gerfauts, les Cavaliers de la Nuit, etc., etc.

I

PARIS

L. DE POTTER, LIBRAIRE-ÉDITEUR

RUE SAINT-JACQUES, 38.

LES
TONNES D'OR

NOUVEAUTÉS EN LECTURE

DANS TOUS LES CABINETS LITTÉRAIRES

Les Amours d'Espérance, par AUGUSTE MAQUET, collaborateur d'ALEXANDRE DUMAS. 5 vol. in-8.
La Tombe-Issoire, par ÉLIE BERTHET. 4 vol. in-8.
Le Comte de Sallenauve, par H. DE BALZAC. 5 vol. in-8.
Les Amours de Vénus, par XAVIER DE MONTÉPIN. 4 vol. in-8.
La Dernière Favorite, par madame la comtesse DASH. 3 v. in-8.
Robert le Ressuscité, par MOLÉ-GENTILHOMME. 4 vol. in-8.
Les Tonnes d'Or, par le vicomte PONSON DU TERRAIL, auteur de la *Tour des Gerfauts*, les *Coulisses du monde*, etc., etc. 3 vol. in-8.
Les Libertins, par EUGÈNE DE MIRECOURT, auteur des *Confessions de Marion Delorme*, etc., etc. 2 vol. in-8.
La Famille Beauvisage, par H. DE BALZAC. 4 vol. in-8.
Un Roué du Directoire, par EUGÈNE DE MIRECOURT. 2 vol. in-8.
Le Député d'Arcis, par H. DE BALZAC. 4 vol. in-8.
Mercédès, par Madame la comtesse DASH. 3 vol. in-8.
Blanche de Savenières, par MOLÉ-GENTILHOMME. 4 vol. in-8.
La Fille de l'Aveugle, par EMMANUEL GONZALÈS. 3 vol. in-8.
Le Château de La Renardière, par MARIE AYCARD. 4 vol. in-8.
Les Catacombes de Paris, par ÉLIE BERTHET. 4 vol. in-8.
La Tour des Gerfauts, par le vic. PONSON DU TERRAIL. 5 v. in-8.
La Belle Gabrielle, par AUGUSTE MAQUET, 5 vol. in-8.
La dernière Fleur d'une Couronne, par madame la comtesse DASH. 3 vol. in-8.
L'Initié, par H. DE BALZAC. 2 vol. in-8.
Laurence de Montmeylian, par MOLÉ-GENTILHOMME. 5 vol. in-8.
Le Garde-chasse, par ÉLIE BERTHET. 3 vol. in-8.
Le Beau Laurent, par P. DUPLESSIS, aut. des *Boucaniers*. 4 v. in-8.
La chute de Satan, par AUGUSTE MAQUET. 6 vol. in-8.
Rigobert le Rapin, par CHARLES DESLYS, auteur de *Mademoiselle Bouillabaisse*, la *Mère Rainette*, etc., etc. 4 vol. in-8.
Madame de la Chanterie, par H. DE BALZAC. 1 vol. in-8.
Le Guetteur de Cordouan, par PAUL FOUCHER. 3 vol. in-8.
La Chasse aux Cosaques, par GABRIEL FERRY, auteur du *Coureur des Bois*. 5 vol. in-8.
Le Comte de Lavernie, par AUGUSTE MAQUET. 4 vol. in-8.
Montbars l'Exterminateur, par PAUL DUPLESSIS. 5 vol. in-8.
Un Homme de génie, par madame la comtesse DASH. 3 vol. in-8.
Le Garçon de Banque, par ÉLIE BERTHET. 2 vol. in-8.
Les Lorettes vengées, par HENRY DE KOCK. 3 vol. in-8.
Roquevert l'Arquebusier, par MOLÉ-GENTILHOMME. 4 vol. in-8.
Mademoiselle Bouillabaisse, par CH. DESLYS. 3 vol. in-8.
Le Chasseur d'Hommes, par EMMANUEL GONZALÈS. 2 vol. in-8.

Imprimerie de GUSTAVE GRATIOT, 30, rue Mazarine.

LES

TONNES D'OR

PAR

LE VICOMTE PONSON DU TERRAIL

auteur de

La Tour des Gerfauts, les Cavaliers de la Nuit, etc., etc.

I

> Avis. — Vu les traités internationaux relatifs à la propriété littéraire, on ne peut réimprimer ni traduire cet ouvrage à l'étranger, sans l'autorisation de l'auteur et de l'éditeur du roman.

PARIS

L. DE POTTER, LIBRAIRE-ÉDITEUR

RUE SAINT-JACQUES, 38.

1854

CHAPITRE PREMIER

LA CALOMNIE

I

Un matin de printemps, le roi Louis XV s'éveilla guilleret et dispos comme s'il eût eu encore vingt-cinq ans et que madame de Châteauroux, cette femme laide et spirituelle entre toutes, lui eût dit à son réveil quelqu'une de ces phrases si gaies, si pétillantes, que l'humeur la plus noire n'y pouvait tenir.

Pourtant madame de Châteauroux était morte, le roi avait bien quarante-cinq, voire même cinquante ans ; à la dernière des sœurs de Mailly avait succédé la rose et pimpante marquise de Pompadour, et son bras droit, le duc de Choiseul, ennuyait quotidiennement Sa Majesté en lui parlant de réformes importantes et de la création d'une nouvelle marine.

D'ordinaire, le monarque était mélancolique et de sombre humeur; il aimait les récits d'outre-tombe, se plaisait aux histoires de revenants, et n'allait jamais de Marly à Versailles ou de Versailles à Choisy sans s'arrêter peu ou prou à la porte des cimetières de campagne placés sur son passage.

Quand on lui parlait de quelque fait rare de longévité, il hochait tristement la tête en disant : « C'est parce que je suis roi qu'on me fait de semblables contes. » Et si, par hasard, on lui citait M. de Saint-Germain, ce splendide charlatan âgé de sept à huit siècles, il avait coutume de soupirer : « Si cet homme-là eût été roi pendant dix minutes, il serait mort en riant, tant le métier est ennuyeux. »

Les blanches mains et les grands airs de madame d'Etiolles, marquise de Pompadour ; les mots attiques du cardinal de Bernis, les saillies du chevalier de Morangis, premier gentilhomme de la chambre, et les œillades de mademoiselle Romans, cette favorite de quelques jours, n'avaient d'influence sur l'esprit du roi qu'après le dîner ; le matin, il était taciturne et songeur comme un héros de roman dont la fiancée se marie.

Qu'avait donc, ce jour-là, S. M. Louis XV le Bien-Aimé, pour s'être éveillée en fredonnant une ariette du dernier opéra de M. Sédaine, à huit heures du matin, une heure où les rois dorment en se reposant sur leurs ministres du soin de leur royaume, et sans le secours de personne, ce qui était plus merveilleux encore, — car, ainsi que son bisaïeul Louis XIV, le roi de France était dormeur?

Louis XV, chaque soir, avant que le premier valet de chambre emportât le flambeau placé sur le guéridon dans sa ruelle, avait coutume de lire.. les rapports secrets de la police.

Le lieutenant de police d'alors, M. Voyer-d'Argenson, avait soin de lui faire parvenir fidèlement tout ce qui était de nature à éveiller sa curiosité ou à exciter sa bonne humeur.

Le roi, jouant au *tri*, la veille, avec La Vallière, avait gagné huit louis d'or; il était donc rentré chez lui d'une gaîté charmante, et le rapport qu'on va lire avait contribué à soutenir cette gaîté :

« Il est arrivé hier à Paris une comtesse italienne d'une merveilleuse beauté et d'une singulière et plaisante humeur. Elle est accompagnée par un gentilhomme napolitain, qui paraît être son très obéissant serviteur et se plie à ses plus bizarres caprices. Cette femme, mille fois plus belle que toutes les dames de la cour de France, sans en excepter la marquise de Pompadour, la duchesse de Valseranges et madame de Morangis, femme du premier valet de chambre de Sa Majesté, vient on ne sait d'où, a tout vu, sait tout, et se vante d'être *présentée* sans le secours de personne. Elle prétend qu'à la première chasse du roi, elle saura bien forcer la marquise de Pompadour à l'appeler sa chère amie, et Sa Majesté à lui dire : « Bonjour, comtesse. »

» Cette audace a paru tellement inouïe au lieutenant de police, qu'il n'a point cru devoir faire arrêter cette aventurière sans consulter d'abord le bon plaisir de Sa Majesté.

» Du reste, voici son portrait exact :

» La comtesse de Lupe, c'est son nom, est grande, brune, avec des lèvres d'un rouge cerise et de grands yeux noirs. Sa taille est souple, ses mains sont belles et nerveuses ; son front large et qu'effleurent des rides imperceptibles, trace irrécusable laissée par des passions violentes, est couronné d'une forêt de cheveux noirs, qui, dénoués, l'enveloppent tout entière. Son sourire est froid et railleur parfois, parfois aussi il respire la passion et la colère.

» Quel âge a la comtesse ? C'est ce qu'il serait impossible de préciser au plus habile observateur. Peut-être n'a-t-elle que vingt ans, peut-être a-t-elle dépassé la trentaine. Elle fait des armes comme le roi Henri III, monte à cheval comme Bayard, et au billard elle est de la force de M. de Maurepas. Toutes les langues de l'Europe lui sont familières, à l'exception de l'allemand, toutefois, qu'elle n'avait jamais voulu apprendre, sous le prétexte que cette langue était dure et s'adressait naturellement aux chevaux. La comtesse prétend que, pour cet usage, elle préfère sa cravache. L'italien, sa langue maternelle, et le français, qu'elle parle avec une grande pureté, sont, du reste, les deux langues dont elle se sert habituellement.

Tels sont les renseignements recueillis à la hâte sur cette femme, et le lieutenant de police attend les ordres de Sa Majseté.

Le roi avait lu ce rapport avec une vive curiosité, riant de bon cœur à ce passage où l'on prétendait que la comtesse était plus belle que la marquise de Pompadour.

Or, le roi s'ennuyait fort d'ordinaire. Pas plus que les derniers Valois, les Bourbons n'étaient à l'abri de ce mal étrange que les Anglais appellent le *spleen*, il avait hérité en cela de son prédécessur Louis XIV, que madame de

Maintenon avait toutes les peines du monde à amuser. Le plus petit événement, le moindre incident, jeté au travers des monotones plaisirs et des intrigues décolorées de Marly et de Versailles, suffisait à le mettre en joie.

L'apparition d'une femme qu'on disait fort belle, — et le roi, par expérience, savait son lieutenant de police peu galant, — était donc un appât merveilleux jeté à sa curiosité.

Il n'en dormit pas de la nuit, et ne s'assoupit le matin que pour rêver de la belle comtesse. Son sommeil fut court, du reste, puisqu'il s'éveilla à huit heures, et, lorsque le chevalier de Morangis, notre vieille connaissance, élevé depuis deux années déjà à l'emploi important de premier gentilhomme de la chambre, se fut présenté sur la requête de Sa Majesté, il la trouva souriante et gaie comme dans le bon tems où il n'était que page.

— Chevalier? fit le roi.

— Votre Majesté daigne m'interpeller?...

— Savez-vous ce que j'ai lu hier en m'endormant?

— J'attends que Votre Majesté me le daigne apprendre.

— Un rapport curieux.

— En vérité!

— Je comprends ton étonnement, mon pauvre chevalier, fit le roi d'un air bonhomme et en tutoyant son ancien page, ce qui était chez lui une marque évidente de bonne humeur; je comprends ton étonnement, car rien n'est moins amusant que la physionomie et le style de mon lieutenant de police : il ressemble à un employé des enterre-

ments; mais aujourd'hui il y a exception :
son rapport est curieux, très curieux...

Le chevalier regarda Louis XV et parut
attendre une révélation.

— Tu sais, reprit le roi, que la marquise m'ennuie de temps à autre ?

Le chevalier s'inclina.

— Tu n'oses en convenir, je le sais
bien, continua Louis XV en riant, car
tu es assez mal déjà avec Choiseul, et tu
ne veux pas te brouiller coup sur coup
avec tout le monde...

— Votre Majesté parle d'or.

— À la bonne heure !

— Et je compte sur sa discrétion.

— Bon ! croirait-on pas, à t'entendre, que j'ai besoin de la protection de la marquise ?...

— Ah ! sire.

— ...Et que c'est elle qui gouverne mon royaume sans me consulter ?

Le chevalier regarda le roi à la dérobée. Le roi était de charmante humeur, il semblait excuser d'avance toutes les impertinences du monde, et M. de Morangis répondit :

— Ceci est une calomnie, sire ; je suis persuadé que la marquise consulte toujours Votre Majesté.

— Si tu étais encore mon page, je prendrais ma canne, drôle ; mais tu ne l'es plus, soupira le roi, et tu as peur, ce qui est une excuse valable à mes yeux. Je ne soufflerai mot de tes opinions à cette terrible marquise, qui m'ennuie si fort.

— Votre Majesté est trop bonne.

— Or, voici, poursuivit le roi, de quoi me distraire un jour au moins; tiens, lis!

Et le roi tendit au chevalier le rapport qu'il avait placé sous son oreiller et que M. de Morangis parcourut rapidement.

— Figure-toi, dit alors Louis XV lorsque le chevalier eut lu, figure-toi que la marquise, qu'on dit avoir quelque crédit à la cour, est jalouse de son ombre. Mes ministres lui font ombrage, mes pages la gênent. Elle a en horreur toute femme de physionomie passable : cette pauvre mademoiselle Romans a été contrainte de quitter la cour, sous prétexte qu'à sa vue la marquise éprouvait des maux de nerfs insupportables.

— Par exemple! fit railleusement le chevalier.

— Tu conçois, cependant, que, quelque respect que j'aie pour les nerfs délicats de madame de Pompadour, je ne puis pas renvoyer mes ministres et leurs femmes; si mademoiselle Romans eût été chargée d'un portefeuille, oh! bien certainement...

Le roi s'arrêta, termina sa phrase par un sourire, puis il reprit :

— Les gens nerveux ne sont pas toujours aimables; cette pauvre marquise est agacée horriblement depuis huit jours par l'arrivée à Versailles d'une petite procureuse de Toulouse qu'on nomme la comtesse d'Estrades, je crois; ce qui fait qu'elle bouleverse tout autour d'elle, et que je pars volontiers pour Choisy lorsqu'il lui prend fantaisie de quitter Marly pour Versailles. Mais hier, il pleuvait à Choisy, il pleuvait à Marly, il pleuvait partout. La pluie et la marquise n'ont point quitté mes talons de la journée, j'en suis transi encore, et j'eusse fort mal dormi sans ce rapport. Je m'amuserai comme un roi aujourd'hui, ce qui justifiera enfin ce proverbe, que je n'ai jamais compris jusqu'ici, et qui a dû être inventé par un ministre ignorant et ambitieux.

— Votre Majesté, demanda respectueusement le chevalier, compte donc se faire présenter cette comtesse italienne?

— Non pas, interrompit vivement le roi. Une présentation? mais tu n'y songes donc pas, chevalier! On me cornerait les oreilles pendant huit jours, et j'aurais à subir les remontrances de tout le monde, depuis celles de la maréchale de Mirepoix jusqu'aux observations *respectueuses* de tous les Choiseul... et tu sais s'il y en a des Choiseul!

— Il en pleut, dit hardiment le chevalier.

— C'est une pluie nécessaire au royaume.

— Peuh! fit M. de Morangis.

— Chut! ne parlons jamais politique

Fi! La comtesse italienne ne sera donc point présentée.

— Mais alors ?

— Elle se présentera elle-même.

— Votre Majesté chassera donc ?

— Toute la journée. Pleut-il ?

— Le temps est superbe.

— A merveille !

— Mais Votre Majesté ne songe donc point aux inconvéniens, au scandale ?

— Bah! une femme...

— C'est une aventurière!

— Il y en a tant d'autres à la cour.

— Et peut-être que le colonel des Suisses...

— Tu le prierais d'être muet, sourd et aveugle.

— Soin inutile, fit le marquis avec un ton d'adorable impertinence.

— Chevalier, dit le roi, tu es ambitieux outre mesure; tu voudrais être colonel des Suisses.

— Votre Majesté se trompe, je ne mine jamais la faveur d'un parent.

— Ah! oui, le duc de Valseranges a épousé ta cousine.

— Hélas !

— A propos, fit le roi, tu m'as conté jadis cette histoire..... Aime-t-elle toujours son Michaël, cette belle marquise qui remuait ciel et terre pour en faire quelque chose ?

— Heu! heu! dit le chevalier.

— Et toi, ta femme ?

— Peuh!

— Diable! murmura Louis XV, il paraît que rien ne dure en ce monde.

— Les mariages d'amour moins que toute chose, sire.

— Et tu t'ennuies?

— Presque autant que Votre Majesté.

— Flatteur!

— Je suis sincère.

— Et la marquise, que j'ai faite duchesse en lui permettant de transmettre son nom à son nouvel époux?

— Il paraît que Michaël manque d'esprit. Les Allemands sont lourds. J'ai en horreur les gens romanesques.

— Je parie que tu aimes la marquise...

— Peut-être...

— Et que de son côté...

— Chut! fit le chevalier avec cette adorable fatuité que nous lui connaissons, je ne veux pas me brouiller en un jour avec le duc de Choiseul, madame de Pompadour et le colonel des Suisses. Demain, Votre Majesté oublierait qu'elle m'aimait aujourd'hui, et je serais un homme ruiné et perdu.

— Alors, n'en parlons plus, dit le roi, et occupons-nous de la comtesse italienne. Je chasse aujourd'hui; tu en donneras avis à M. de Chabot, mon grand-veneur, et tu feras parvenir au lieutenant de police son rapport que je vais apostiller.

Et le roi écrivit de sa main, au bas du parchemin minuté dans les officines de la police, les lignes que voici :

« La comtesse de Lupe, si tel est son

nom, n'ayant encore commis aucun méfait dans notre royaume, il serait arbitraire de la priver de sa liberté, et notre bon plaisir est qu'elle jouisse de tous les droits accordés aux étrangers tant à Paris qu'à Versailles. S'il lui plaît d'assister à la chasse du roi, il n'y a aucun inconvénient à ne pas le lui interdire. Il serait même piquant de l'avertir indirectement que le roi chassera aujourd'hui. »

— Où chasse Votre Majesté ? demanda le chevalier.

— A Marly ?

— A quelle heure ?

— Depuis midi.

Le chevalier s'inclina et fit un pas pour sortir.

Le roi le rappela d'un geste.

— N'est-ce pas, lui dit-il, que cette femme, se présentant à moi d'elle-même, sera réellement amusante ?

— C'est d'une audace...

— Charmante chez une femme.

— Votre Majesté est indulgente au possible.

— Et je vois d'ici la marquise de Pompadour enrager.

— Peuh ! fit hypocritement le chevalier.

— Elle aura un accès de fureur.

— Pourquoi ?

— Si la comtesse est aussi belle que le lieutenant de police le dit.

— Bah ! observa le chevalier avec perfidie, car il tenait à irriter les désirs du roi, le lieutenant de police est si peu habitué à juger sciemment des femmes...

— Raison de plus pour qu'il les trouve laides.

— Votre Majesté a de l'esprit bien plus que ce faquin d'Arouet qui se fait appeler M. de Voltaire.

— Que veux-tu ? fit modestement le roi, je n'ai jamais songé à l'imprimer.

Et, le roi, après ce jugement émis, congédia M. de Morangis, qui alla s'acquitter de sa double mission, tandis que les valets de chambre ordinaires entraient chez Louis XV pour l'habiller.

Quand le roi s'ennuyait, la toilette durait deux heures, et le prince du sang qui se trouvait à Versailles ou à Marly était mandé pour passer la chemise ; si le roi était d'humeur gaie, il s'habillait lestement, presque seul, et les courtisans admis au petit lever le voyaient assis dans un grand fauteuil, occupé à boire une tasse de chocolat à l'eau qu'on avait confectionnée devant lui sur une veilleuse. Donc, à neuf heures, le roi était sur pied, et le capitaine des Suisses, qui entra le premier dans les petits appartements, fut reçu au saut du lit et trouva Sa Majesté adossée au chambranle de la cheminée. La tasse de chocolat n'existait déjà plus !

Quelques mots échappés au chevalier de Morangis nous ont appris quel était ce colonel des Suisses : c'était Michaël ; non plus le Michaël de la tour des Gerfauts et de l'Adlers-Nest, le jeune et beau Michaël au front pur de toute ride, à l'œil dominateur, à la démarche hardie et vive accusant le chasseur des montagnes, mais Michaël vieilli de cinq années, Michaël usé déjà par les soucis de l'ambition et les grandeurs, Michaël dont sa femme avait fait un officier supérieur en attendant d'en faire un général en chef, Michaël ayant troqué son doliman de peau de mouton contre un habit chamarré d'or, son couteau de chasse et son fusil contre une belle épée dont la poignée était enrichie de diamans.

Michaël enfin dont l'œil n'avait plus cet ardent rayon qui fascinait, la lèvre ce sourire qui séduisit la marquise et courbait la Louve à deux genoux.

Hors de son terrain, ainsi transplanté sur un sol nouveau, le héros de roman s'était évanoui ; — restait un homme brave jusqu'à la témérité, mais rien de plus !

Et c'était ce qui désespérait la marquise, que désormais nous appellerons la duchesse, puisque le roi lui avait donné cette nouvelle qualité.

Le chevalier, au contraire, moins ambitieux, moins grave que son honorable parent, était demeuré leste, jeune, pimpant, spirituel comme un page; les femmes en raffolaient toujours, peut-être la duchesse avec elles, et c'était ce qui faisait le désespoir de Blümmen, la rêveuse et mélancolique Allemande.

Michaël, qu'on appelait le duc de Valseranges, entra donc chez le roi pour prendre ses ordres.

Quand Louis XV était à Versailles, ou à Paris, ce qui était beaucoup plus rare, car il n'aimait pas les Parisiens, les mousquetaires faisaient le service alternativement avec les gardes-françaises, les chevau-légers et les Suisses.— Lorsqu'il se trouvait à Marly, l'étiquette était abandonnée; le roi désirait vivre sans façon, et une compagnie de Suisses l'y suivait seule.

Voilà pourquoi, ce jour-là, ce fut le colonel des Suisses et non le capitaine des mousquetaires qui vint chercher, selon l'usage, le mot d'ordre de la journée.

— Duc, dit le roi, je chasse aujourd'hui.

— Je viens de l'apprendre de la bouche du chevalier de Morangis, répondit Michaël en s'inclinant.

— Vous m'accompagnerez...

Michaël s'inclina de nouveau...

— La duchesse suivra la chasse...

— Votre Majesté est parfaite.

— Et si une femme étrangère, une Italienne se présente...

— Je l'arrêterai, sire.

— Non pas, vous la laisserez arriver jusqu'à moi.

— Cependant, sire, l'étiquette...

— Peuh! fit le roi, c'était bon pour mon bisaïeul Louis-le-Grand de jouer à l'étiquette; mais moi, je suis bon prince, je donne audience à tous ceux qui me veulent parler.

— Votre Majesté sera obéie.

— A propos, duc, vous m'obligeriez fort aujourd'hui de faire le bois ; M. de Chabot n'y entend absolument rien.

— J'attends le mot d'ordre pour y courir.

— Le mot d'ordre? je n'y pensais plus. Eh bien ! *ennui* et *présentation*. Allez !

Et tandis que Michaël sortait, Louis XV passa chez madame de Pompadour en se disant :

— Cette pauvre marquise ! elle aura des pamoisons avant ce soir.

CHAPITRE DEUXIÈME

II

—

A midi, le roi montait à cheval dans la cour du château de Marly.

Un groupe de femmes élégantes caracolait déjà aux portières de la calèche dans laquelle madame de Pompadour, cette seconde reine de France, s'étalait nonchalamment.

Parmi elles, nous devons l'avouer humblement, il y en avait beaucoup qui eussent, quinze années plus tôt, lorgné dédaigneusement la femme du traitant d'étioles ; — mais les temps étaient changés, et la plus vieille noblesse de France s'inclinait très bas devant cette souveraine de la main gauche, qui, durant seize années, gouverna la France et une partie de l'Europe, et que la fière Marie-Thérèse eut le courage d'appeler *sa chère amie.* Avouons-le encore, madame de Valseranges, malgré son vieux nom, sa fierté, ses alliances, était du nombre. — Il était vrai qu'elle avait un mari, un mari pour lequel elle était ambitieuse, — et l'ambition excuse bien des choses...

Si Michaël était changé, métamorphosé, la duchesse de Valseranges, au contraire, était toujours la rose et frêle marquise de l'Adlers-Nest, cette femme pétulante et enthousiaste, rouée et naïve, spirituelle et romanesque, qui fut l'héroïne de la première partie de notre histoire. Elle avait cependant vingt-huit ans bien sonnés, la belle duchesse, et, pour faire en cinq années un colonel général des Suisses à la cour de France de Michaël le Gerfaut et le bandit, il fallait qu'elle eût quelque peu renoncé à ces plaisirs futiles, qui, loin de ruiner la santé des femmes, entretiennent, au contraire, leurs couleurs roses, leur teint de lis et l'ivoire poli de leur front.

Elle était toujours belle et gracieuse, enjouée et mélancolique tour à tour, comme une enfant de seize ans; elle maniait son cheval avec une grâce mutine qui faisait plaisir à voir, et, certes, Michaël devait se trouver bien heureux...

L'était-il ? — C'est ce que nous verrons par la suite de notre récit.

A côté de la duchesse bondissait et se cabrait à demi un magnifique étalon blanc qui portait madame de Morangis, Blümmen, la fille du vieux Théobald; Blümmen, toujours belle, mais plus triste, plus mélancolique dans sa beauté orientale qu'elle ne l'était à l'Adlers-Nest; — Blümmen regrettant tout bas, au milieu des fêtes de Versailles, dans cette atmosphère de plaisirs légers et de bruit, les bruyères noires, les verts coteaux, les vignes jaunissantes des principautés danubiennes, et les brumeuses légendes que la vieille Germanie déroule à l'entour de son âtre des veillées d'hiver, et les chansons que les pâtres, sur un rhythme bizarre et lent, jettent, couplet par couplet, au silence majestueux des fraîches nuits d'Orient.

Tandis que la duchesse, à la portière de madame de Pompadour, caquetait et riait en débitant mainte médisance, Blümmen, rêveuse, embrassait du regard ce splendide horizon que l'œil émerveillé découvre des hauteurs de Marly ; peut-être rêvait-elle, au lieu de ces fêtes bruyantes, de ces chasses qui n'étaient que des prétextes de galanterie, un coin du vallon du Louveciennes, bien ombreux, bien solitaire, avec une maisonnette à toiture plate comme les maisons de Hongrie, une maison tapissée d'une vigne jaune et d'un lierre vert, dans laquelle elle aurait vécu avec le chevalier, loin du bruit et des agitations du monde, si le chevalier eût été homme à renoncer au monde et à ses pompes enivrantes, pour nous servir d'une expression purement biblique.

Hélas! le chevalier avait été page, puis chevalier de Malte novice. Richelieu l'appelait son meilleur élève, et il était peu fait pour l'existence passionnée et sentimentale que désirait Blümmen.

Le roi parut, on se découvrit.

Le roi avait fort rabattu des habitudes d'étiquette solennelle de son aïeul; il était sans façon à Marly, comme un grand seigneur dans sa petite maison ; il causait avec tout le monde, tutoyait ses pages et contait mainte fleurette à toute femme jolie.

Louis XV, malgré son âge, était beau

cavalier, il portait la tête haute, il avait le jarret nerveux, le mollet irréprochable ; son costume, ce jour-là, était fort coquet : bottes molles à revers, veste de soie feuille morte, habit vert tendre, culotte blanche, manchettes et jabot en point de Venise, tricorne galonné semé de pierreries.

Un œil de poudre, deux mouches suffisaient à le rendre jeune. La marquise, lorsqu'il s'approcha de sa calèche pour lui baiser le bout des doigts, le trouva vraiment adorable; le maréchal de Richelieu, qui avait bien quinze années de plus que lui, et se grimait déjà passablement pour conserver un vestige de verdeur, vint à lui respectueusement et lui dit :

— Sire, vous rajeunissez tous les jours.

— Maréchal, répondit le roi, je m'amuserai aujourd'hui.

— Ah! fit madame de Pompadour du fond de sa calèche en s'adressant à madame du Haussel, sa femme de chambre, le roi s'amusera! et pourquoi cela, s'il vous plaît?

— Mais, répondit la camérière, puisque madame la marquise assiste à la chasse...

— Ce n'est point cela, fit sèchement la favorite ; il se passe quelque chose d'extraordinaire, bien certainement ; le roi était moqueur ce matin.

— Duc, disait en même temps Louis XV, en montant à cheval, au maréchal de Richelieu, qui lui tenait l'étrier, vous verrez la plus jolie femme du monde aujourd'hui... une étrangère qui se présentera d'elle-même.

Le duc regarda le roi avec étonnement.

— Chut ! dit celui-ci, je vous conterai cela en route.

Et le roi, déjà en selle, se tourna vers les officiers de sa maison.

— A cheval, messieurs ! dit-il.

Au moment où le roi sortait de Marly et se dirigeait avec sa suite vers le rendez-vous, situé à un quart de lieue environ dans la forêt, le chevalier de Morangis accourait au galop du meilleur cheval des écuries de Sa Majesté.

Le chevalier avait fait en trois heures la route de Paris, et il revenait assister à la chasse, après avoir remis au lieutenant de police lui-même le rapport apostillé par le roi.

— Eh bien ? lui demanda tout bas Louis XV.

— C'est fait, répondit M. de Morangis; la comtesse italienne sait depuis une heure que Votre Majesté chasse aujourd'hui à Marly.

Le roi sourit d'un air moqueur, regardant tour à tour Richelieu et la marquise, puis il ajouta :

Maintenant, mon cher chevalier, arrange-toi de façon que tout le monde sache de quoi il sera question, excepté la marquise, bien entendu.

Le chevalier s'inclina, quitta le roi et se mêla à un groupe de courtisans parmi lesquels pérorait La Vallière, tout fier d'avoir perdu la veille au jeu de Sa Majesté.

On était alors au mois de mai : la nature était splendide et la végétation avancée ; dans les champs, les coquelicots rouges et les bleuets mouchetaient les blés encore verts, et, au bord des bois et des jardins, les lilas étendaient leurs grappes fleuries sur la tête des passants.

Malgré l'heure avancée de la journée, la chaleur était supportable, un peu de vent bruissait dans les feuilles et rompait ce monotone silence qui s'empare des champs à midi; pas un nuage au ciel, pas un coin de plaine, de forêt ou de vallon, qui fût vert ou fleuri; — en bas des coteaux, la Seine glissait bleue, unie, transparente, comme une ceinture de nymphe voluptueusement dénouée.

Si le roi eût été rêveur ou simplement

artiste, il aurait oublié la comtesse italienne pour admirer, se taire et songer, en présence de ces splendeurs de la nature du plus beau pays du monde et dont chacun parlerait, s'il n'avait le tort d'être aux portes de Paris.

Mais le roi était peu accessible à ces impressions champêtres, qui ne conviennent qu'aux poètes et aux amoureux de vingt ans; — quoi qu'il eût dit de son esprit, selon lui supérieur à celui de M. Arouet, Louis XV n'était nullement poète; — et, s'il était amoureux souvent, c'était le soir, au feu des bougies, dans les chauds boudoirs, sous les cascades d'aï et de chambertin.

Et puis, il était loin de ses vingt ans !

La marquise de Pompadour, elle, était artiste, elle aimait la peinture, la sculpture, les belles-lettres ; elle méprisait assez M. Arouet, mais elle se plaisait à lire ses livres, depuis le *Dictionnaire philosophique* jusqu'à *Candide*. Seulement, elle était artiste à ses heures, c'est-à-dire quand le roi était fort triste et ne songeait ni aux yeux noirs de mademoiselle Romans, ni aux cheveux blonds de la comtesse d'Estrades, et qu'il s'occupait de cimetières, d'enterrements, et qu'il discutait gravement un point de controverse avec son confesseur. Alors, bien certaine de son empire, la marquise se laissait prendre aux chauds sourires du printemps, elle descendait de sa litière pour cueillir des pâquerettes ou les fleurs jaunes d'un ébénier, elle aspirait la brise des champs et daignait écouter la lecture d'un livre de l'abbé Prévost, à l'ombre d'un saule, au bord de la rivière.

Dans ces moments-là même elle s'enfonçait toute seule dans le parc de Saint-Cloud, y rencontrait inévitablement le peintre Lantara, assis au pied de son platane favori, et elle causait peinture avec lui. Mais ce jour-là, le roi était si moqueur, si gai, si alerte, que la favorite éprouvait de sérieuses inquiétudes, et elle attachait tour à tour un regard investigateur sur madame de Gramont, qui avait quelques prétentions et surtout quelque sujet d'en avoir; sur madame d'O***, qui aspirait, et sur la duchesse de Morangis, qui n'avait jamais songé à examiner la couleur des yeux du roi, mais qui était assez belle pour que Louis XV eût toujours pour elle le plus séduisant des sourires.

Pendant qu'elle se perdait en conjectures sur la bonne humeur inaccoutumée du roi, le chevalier allait d'un groupe à l'autre cortége et faisait des confidences, si bien que lorsqu'on fut au rendez-vous la marquise et madame du Hausset étaient les seules qui ignorassent l'événement futur de la journée.

Michaël et le grand-veneur, qui avaient fait le bois de concert, se trouvaient au rendez-vous de chasse quand le roi y arriva. Un cerf dix-cors avait été détourné, et le rapport marquait qu'après des refuites nombreuses dans la direction de

Saint-Cloud et de Ville-d'Avray, l'animal en ferait *revoir* dans une direction tout opposée et s'irait faire prendre en bas des coteaux de Lucienne au bord de l'eau.

Cela importait peu au roi. Ce qui l'occupait, c'était l'étrangère, cette bizarre comtesse qui s'invitait à la chasse royale sans plus de façons que s'il se fût agi d'un laisser-courre organisé par trois hobereaux du Béarn avec une douzaine de chiens maigres et efflanqués.

Sa Majesté, chevauchant en tête du cortége, le mousquet sur l'épaule et la trompe au dos, avait toujours à sa droite le maréchal de Richelieu.

— Duc, lui disait-elle, que vous semble de la mine piteuse de la marquise ?

Le maréchal était au plus mal avec madame de Pompadour, et il était rarement en faveur quand le vent qui poussait l'esprit du roi tournait à la favorite. Aussi dans les jours de *bonasse*, — qu'on nous pardonne l'expression — quand le roi trouvait la marquise ennuyeuse et se rapprochait de son ancien favori, celui-ci ne perdait-il aucune occasion de mordre à belles dents dans le crédit de la seconde reine de France.

— La marquise, se hâta-t-il de répondre, ne sait point le tort inouï que font à son visage ses bouderies et ses migraines.

Le roi ne dit mot, mais il encouragea d'un sourire l'humeur médisante du duc.

— Il est une chose incontestable, reprit Richelieu avec ironie, c'est que la marquise ne peut vieillir. Le temps et les années ne sont faits que pour les simples mortels, et elle passera à travers les siècles éternellement jeune et belle. Cependant, à la voir ainsi bouleversée...

— On dirait, interrompit méchamment le roi, qu'elle voudrait entrer dans la loi commune : n'est-ce point là votre pensée, duc ?

— Votre Majesté devine.

— Elle a bien trente-cinq ans, la marquise ?... hasarda le roi.

— Bah ! fit Richelieu, qui joua l'étonnement avec l'habileté d'un comédien consommé.

— Dame! écoutez donc, duc, c'est vous qui me l'avez présentée un soir au bal des échevins de la ville de Paris.

— Hélas! soupira le maréchal.

— Et il y a bien quinze années.

— Ma foi! sire, dit le vieux courtisan, vous êtes si jeune aujourd'hui, que je croirais volontiers que c'était hier.

— Mon pauvre duc, fit le roi d'un ton de bonhomie qui eût fait honneur à

Henri IV, tu devrais bien répéter ce compliment à la marquise; peut-être ferais-tu ta paix avec elle.

— Heu! heu! dit Richelieu, c'est si difficile!

— Et puis, continua le roi, elle est parfois si maussade, que vraiment on souhaiterait être de ses ennemis pour n'avoir aucun prétexte de causer avec elle.

— Votre Majesté paraît bien irritée aujourd'hui.

— Mais non...

— La marquise a donc parlé politique ?

— Ah ! fit le roi d'un air accablé, elle et Choiseul me fatiguent nuit et jour. Je suis le plus malheureux des rois. Heureusement que cette comtesse italienne.

— Ah çà ! interrompit Richelieu, Votre Majesté y songerait-elle ?

— Depuis hier.

— Sérieusement ?

— Pourquoi pas ?

— C'est une aventurière, murmura le duc d'un ton hypocrite.

— Toutes les femmes le sont plus ou moins... et si elle est belle...

— Vous ne pouvez l'admettre à la cour.

— Bah ! j'y ai bien admis la marquise...

Richelieu tombait de son haut, la marquise avait dû être bien maussade la veille, pour que le roi se permît de telles bouffées de franchise.

— C'était madame d'Etioles, observa-t-il avec un mauvais sourire.

— La femme d'un traitant... fit dédaigneusement le roi.

— Elle était fort belle... continua l'ancien favori, qui battait laborieusement en brèche, par la plus habile des tactiques, un crédit si fort ébranlé en apparence.

— Peuh ! on dit que la comtesse italienne...

— Il est vrai que pour que d'Argenson l'ait ainsi dépeinte, lui qui a horreur des femmes, il faut qu'en effet..

Le duc en était là, quand les chiens donnèrent sous la futaie, et, en même temps, les piqueurs sonnèrent la plus bruyante des fanfares.

Le roi tira sa montre, il était une heure, — il tourna la tête et appela le chevalier de Morangis, qui accourut au galop.

— A quelle heure, lui demanda-t-il, la comtesse a-t-elle été prévenue?

— À dix heures, sire.

— Bon! fit le roi, dans une heure nous verrons bien si elle exécute ses fanfaronnades avec autant d'aplomb qu'elle les débite.

Le roi achevait à peine qu'on sonna le *débucher*, et, dix minutes après, on le vint avertir que deux cavaliers inconnus s'étaient montrés à la tête des chiens.

— Qu'est-ce que ces gens? demanda le roi.

— Un homme et une femme, répondit un page.

—Ah! fit Louis XV dont le visage rayonna.

— La femme monte un cheval blanc et elle est vêtue de noir.

— Très bien !

— L'homme monte un cheval bai brun et porte un pourpoint orange.

— C'est le cavalier napolitain, souffla le roi à Richelieu.

— Son amant, sans doute, hasarda le duc.

— Hein ? fit le roi avec humeur. Pourquoi pas son frère ?

— Au fait, murmura Richelieu, le rapport de d'Argenson n'en dit rien.

Le cerf, la meute et les cavaliers inconnus étaient en plaine déjà que le roi se trouvait encore sous le couvert.

Il piqua des deux avec une ardeur toute juvénile et atteignit le premier la lisière de la forêt, laissant à quelques centaines de pas derrière lui le vieux duc, le chevalier et Michaël qui le suivait depuis le rendez-vous.

Alors un spectacle assez bizarre s'offrit aux regards de Sa Majesté.

Dans cette plaine accidentée de vallons et de côteaux qui descend insensiblement des hauteurs de Marly à Saint-Cloud, le cerf fuyait, *bu* par la meute ardente que stimulait le cor des piqueurs.

Derrière les chiens, et avant les piqueurs, une amazone et un cavalier, montés tous deux sur des chevaux si rapides qu'ils paraissent être issus du vent et de la foudre, serraient les chiens de près, sonnant la plus merveilleuse, la plus stridente des fanfares. Tous deux semblaient vissés sur leur selle, et ils franchissaient les ravins, les haies, les murs de clôture, avec une grâce terrible qui émerveilla le roi.

Louis XV était encore, à cinquante ans, le meilleur écuyer de son royaume; le cheval qu'il avait ce jour-là était le plus noble de ses écuries; il n'hésita donc point une minute à s'élancer à la poursuite des deux inconnus, qui, à n'en pas douter, n'étaient autres que la comtesse et le gentilhomme qui l'accompagnait. Mais, si ardent, si infatigable que fût son cheval, le roi eut toutes les peines du monde, tout en laissant sa suite loin de lui, à ne point perdre sa distance, et pendant deux heures il se trouva toujours à mille pas de la meute et de ses étranges piqueurs sans les pouvoir atteindre.

Enfin, las de ses refuites continuelles, le cerf fit un détour, rentra sous bois un moment, puis alla ressortir sur les coteaux de Rueil, d'où il gagna la plaine et les bords de la Seine.

Les deux cavaliers ne perdaient point un pouce de terrain sur la meute, et le roi n'en pouvait gagner sur eux.

Ce ne fut qu'au bord de l'eau que le cerf épuisé tomba tout à coup sans avoir la force de s'élancer dans la rivière, puis se releva et fit tête aux chiens.

L'étrangère et son cavalier s'arrêtèrent alors, et le roi, dont la suite était bien loin encore, déchira les flancs de son cheval épuisé pour joindre enfin les inconnus.

CHAPITRE TROISIÈME

III

Le cerf eût éventré deux ou trois chiens bien certainement, si le cavalier qui accompagnait la comtesse italienne n'eût jugé à propos de lui camper une balle dans le massacre et de terminer ainsi la chasse et la lutte.

Le roi n'était plus qu'à deux cents pas lorsque le coup de feu fit cabrer son cheval, il était à peu près inouï dans les fastes cynégitiques de la cour de France qu'une bête de chasse forcée eût été lâchement achevée d'une balle.

Louis XV était chasseur comme tous ses aïeux, depuis François Ier et Henri IV jusqu'au dauphin son père; — toute infraction grave aux règles de la vénerie le choquait outre mesure, — et, en pareille circonstance, il regarda celle-là comme un outrage flagrant adressé à la majesté royale.

En effet, tirer sur la bête et l'abattre, quand le roi accourait bride abattue pour assister à l'hallali, c'était manquer de respect au roi.

Etait-ce impertinence de la part du cavalier ? était-ce plutôt ignorance du noble art de la vénerie.

Ce fut ce que se demanda Louis XV en arrêtant court sa monture effrayée.

Mais, comme s'il eût voulu donner un

éclatant démenti à cette dernière supposition, le cavalier emboucha sa trompe et sonna l'hallali avec une justesse, une vigueur, une précision qui n'appartenaient qu'à un veneur consommé.

En même temps, la comtesse italienne — évidemment c'était elle — mit pied à terre, dégaîna son couteau de chasse et commença méthodiquement la curée, après avoir éloigné les chiens à coups de houssine.

Louis XV, stupéfait de l'audace inouïe de ces inconnus, qui, après avoir couru le cerf du roi, avec les équipages du roi, s'occupaient tranquillement de la curée comme si le cerf eût été forcé pour leur propre compte, — les contemplait avec une certaine colère dédaigneuse qui lui faisait oublier sa bonne humeur du matin et le plaisir qu'il s'était promis par avance. Ses susceptibilités cynégétiques froissées, le roi avait perdu sa gaîté et il se trouvait blessé, ce qui pouvait fort mal tourner pour les deux aventuriers.

Le court repos que se donna Louis XV presque involontairement permit au duc de Richelieu, au chevalier et à Michaël, de le rejoindre. Alors le roi n'y tint plus, il poussa son cheval vers les deux veneurs imprudents et s'arrêta à deux pas.

A la vue du roi, le cavalier termina son hallali, rejeta sa trompe sur l'épaule, mit pied à terre et se découvrit avec respect, mais sans humilité.

En même temps l'amazone, courbée sur le cerf couché sur le côté, se releva, coupa prestement le pied droit de l'animal et le présenta au roi avec un sourire et une révérence.

Cette femme était si belle, si gracieuse,

si souple dans ses mouvements, si noble dans son attitude, elle avait armé ses lèvres d'un sourire si fascinateur, son œil d'un regard si brûlant, que le roi tressaillit et sentit s'évanouir son courroux.

Il prit le pied du cerf des mains de l'amazone, souleva le bord de son chapeau, et lui dit avec cette excessive courtoisie qu'il montrait toujours avec les femmes :

— Merci, comtesse.

Le vieux duc de Richelieu, qui lorgnait l'Italienne par dessus l'épaule du roi, était muet d'admiration, pétrifié de la beauté fière, hardie, incomparable de cette femme.

Mais lorsque Michaël se fut approché à son tour, il tressaillit visiblement; on eût dit que ce visage ne lui était point inconnu et qu'il l'avait déjà vu quelque part.

Il se tourna vers le chevalier; le chevalier trouvait la comtesse admirablement belle, mais il ne se rappelait nullement l'avoir jamais aperçue, car il ne témoignait aucune surprise.

— Chevalier, lui dit tout bas Michaël, regardez bien cette femme.

— Si je la regarde ! répondit M. de Morangis d'un ton léger, elle est superbe !

— N'êtes-vous point étonné ?

— De quoi ?

— D'une ressemblance frappante.

— Avec qui ?

— Vous souvient-il de la Louve ?

— Tiens ! dit le chevalier, il y a bien

quelque chose, en effet, mais c'est vague... La Louve ne serait que le clair de lune de celle-ci. Regardez-moi cette taille aristocratique, ces mains de reine, ce pied cambré... Votre louve n'était qu'une affreuse paysanne, mon cher.

— Et cependant, fit Michaël ému, je jurerais que c'est elle...

— Bon! exclama le chevalier en riant, au temps où les rois épousaient les bergères, ils ne pouvaient parvenir à en faire des reines; elles portaient sur le trône leurs cheveux en broussailles et leurs mains rouges.

— C'est juste, murmura Michaël.

En ce moment, le cavalier qui accompagnait l'Italienne se tourna vers eux, et Michaël tressaillit de nouveau.

Cet homme ressemblait à Wilhem, avec la différence que Wilhem était brun et que celui-ci avait les cheveux et la barbe d'un blond ardent.

— Regardez, fit Michaël.

— Eh bien ?

— Wilhem...

— Ah ! par exemple ! dit le chevalier,

cette fois, la ressemblance, si elle existe, est tellement vague, que vraiment, mon cher cousin, je commence à croire que vous avez la berlue.

Tandis qu'à l'écart Michaël et le chevalier s'entretenaient ainsi, le roi et la comtesse étaient entrés en conversation de la façon la plus simple et la plus naturelle du monde.

— Savez-vous, comtesse, avait dit Louis XV, que vous avez un bon cheval?

— Votre Majesté a daigné le remarquer?

— Tudieu ! comtesse, j'ai rendu le mien fourbu pour vous suivre.

— Votre Majesté me pardonnera, j'en suis sûre, un enthousiasme dont je ne puis me rendre maîtresse chaque fois que j'entends le son du cor.

— Vraiment ? fit le roi avec son meilleur sourire.

— Figurez-vous, sire, continua la comtesse avec un enjouement parfait, que je suis arrivée de Paris depuis deux jours seulement.

— Ah ! fit le roi jouant la surprise.

— Et je viens de Naples.

— Êtes-vous Napolitaine, comtesse?

— Romaine, sire ; mais voici mon cousin, le marquis della Strada, que je vous présente, et qui est né au pied du Vésuve.

Le marquis della Strada, descendu de cheval, avait mis un genou en terre et baisé respectueusement la main du roi.

La comtesse reprit :

— Je suis la nièce du cardinal-prince

Fornarini, que Votre Majesté a vu à Versailles l'an dernier. Mon oncle m'a remis des lettres pour Votre Majesté.

Le roi s'inclina à son tour.

— Je me suis informée à Paris des moyens les plus sûrs de vous faire parvenir mes lettres et de vous être présentée, sire, continua la comtesse d'un ton de puissance à puissance; on m'a répondu que vous étiez inabordable et même invisible comme ces monarques persans dont parle l'histoire ancienne. Cependant on m'a fait espérer qu'après un mois ou deux de sollicitations... acheva-t-elle d'un air railleur qui plut au roi.

— On vous a trompée, comtesse, dit galamment Louis XV.

— J'en étais persuadée d'avance, sire, et, pour éviter les cérémonies interminables de la présentation, j'ai eu l'audace de songer à me présenter moi-même à la première chasse de Votre Majesté.

— Vous avez bien fait, comtesse, dit le roi, qui attachait un œil brûlant sur la belle étrangère.

— J'ai donc appris ce matin, sire, que Votre Majesté chassait aujourd'hui. Mais il y a loin de Paris à Marly, et quelque diligence que nous avons faite, le marquis et moi, il nous a été impossible de gagner le rendez-vous avant le *lancer*. Nous avons rencontré la chasse en route, et là, veuillez me pardonner, sire, mes instincts cynégétiques l'ont emporté chez moi sur tout autre sentiment : j'ai un peu oublié le but de mon voyage pour m'élancer après la bête et sonner à vos chiens tous les *bien-aller* qui me sont revenus en mémoire.

Ayant ainsi parlé d'une voix harmonieuse et flexible, empreinte de ces terminaisons traînantes, particulières aux Méridionaux, la comtesse fit au roi la plus gracieuse des révérences et parut attendre, dans la plus humble et la plus fière des attitudes en même temps, que Sa Majesté daignât approuver ou blâmer sa conduite.

— Comtesse, dit le roi, vous avez bien un peu enfreint les lois de l'étiquette; ce serait du moins, je le crois, l'avis de mon grand-maître des cérémonies...

— Je suis à vos pieds, sire.

— Mais, continua Louis XV en lui baisant la main, l'étiquette n'a point été établie pour une femme aussi belle, aussi séduisante que vous.

La comtesse jugea convenable, à ces derniers mots du roi, de baisser les yeux et de rougir publiquement.

En ce moment, la suite du roi arrivait, et madame de Pompadour, à qui, durant le trajet, on avait charitablement appris la cause de la bonne humeur du roi, descendait de calèche à vingt pas du groupe qui s'était formé autour du roi et de l'Italienne.

— Comtesse, disait le roi, vous plairait-il de me présenter vos lettres?

— J'allais supplier Votre Majesté de les vouloir lire.

La comtesse tira de son sein une lettre scellée aux armes de l'Église, que le roi prit aussitôt et parcourut rapidement des yeux.

Le cardinal Fornarini recommandait aux bontés de Sa Majesté, dont il avait eu tant de fois des marques incontestables, sa nièce, la comtesse de Lupe, veuve du comte de Lupe, un des plus vieux noms de la noblesse romaine.

Tandis que le roi terminait cette lecture, madame de Pompadour, pâle de courroux, arrivait au milieu du groupe qui s'était respectueusement ouvert devant elle.

Le roi prit la main de la comtesse, et dit à la marquise avec un sourire hautain qui n'admettait aucun commentaire:

— Madame, je vous présente la comtesse de Lupe, une noble Romaine, la nièce du cardinal Fornarini, que cette Eminence me recommande tout particulièrement.

La marquise se mordit les lèvres et

s'inclina à demi, répondant au salut railleusement obséquieux de la comtesse.

La merveilleuse beauté de la comtesse était devenue le point de mire des courtisans, et les attentions dont elle était le but de la part du roi avaient déjà reçu leur interprétation d'une façon peu flatteuse pour la marquise, — lorsque la duchesse de Valseranges et Blümmen, demeurées en arrière, joignirent le groupe.

A la vue de l'Italienne, la duchesse éprouva cet étonnement étrange qui s'é-

tait emparé de Michaël ; quant à Blümmen, qui à peine avait aperçu la Louve
à l'Adlers-Nest, elle ne pouvait être frappée de la ressemblance. Le marquis della
Strada, au contraire, ne produisit aucune
impression sur la duchesse, qui, du reste,
l'envisagea à peine.

— Allons, mesdames, dit le roi, à cheval ! Nous retournons à Marly.

— Louis XV tint lui-même l'étrier à la
comtesse, et, sans plus s'occuper de la
marquise, il sauta en selle et se plaça à
la droite de l'Italienne qui lui souriait
de son sourire le plus provoquant.

Richelieu se pencha à l'oreille du chevalier.

— Voilà, lui dit-il, où je me trompe fort, la nouvelle reine de France avant trois mois.

— D'ici à huit jours, répondit M. de Morangis.

La marquise était pourpre...

Elle ressemblait à un fantôme.

Le cortége se remit en marche; le roi demeura en arrière avec la comtesse, tandis que le marquis della Strada poussait son cheval à côté de celui de la duchesse, qui seulement alors le remarqua, mais ne s'aperçut nullement de cette ressemblance qui avait frappé Michaël. Le marquis était un beau cavalier, il maniait savamment son cheval, il avait une grâce incomparable dans ses mouvements et sa tournure, et il causait avec infiniment d'esprit. La duchesse en fut émerveillée dès l'abord, et elle s'abandonna à une causerie charmante qui les conduisit tous deux jusqu'au château. Le Marquis s'exprimait avec cette volubilité chaleureuse des Méridionaux ; il parlait art et poésie avec entraînement ; il savait le Dante et Pétrarque par cœur, le chantre des frimas et du désespoir et le chantre de l'élégie ; sa galerie de tableaux était une des plus riches de l'Italie ; il avait failli se ruiner pour acquérir un groupe de Michel-Ange. En outre, quoique bien jeune encore, le marquis avait voyagé d'un bout du monde à l'autre ; il peignait les Indes avec un brillant coloris qui ne laissait rien à désirer : il avait étranglé une panthère à Java, bu du vin de palmier chez les sauvages des bords de l'Orénoque, découvert une île en compagnie d'un navigateur anglais. Il racontait tout cela sans forfanterie ni jactance, avec une simplicité naïve qui faisait l'admiration de la duchesse.

Pendant ce temps, le roi redoublait de galanteries et d'esprit auprès de la comtesse, qui l'écoutait en riant, et le maréchal de Richelieu, chevauchant côte à côte avec le chevalier, ne perdait pas un geste, une exclamation de Sa Majesté, et lorgnait d'un œil impertinent la calèche de la marquise, autour de laquelle le cercle des courtisans s'était sensiblement éclairci.

On arriva à Marly. Le roi dit à la comtesse :

— Vous serez présentée officiellement demain ; pour aujourd'hui, veuillez accueillir l'hospitalité incognito.

Madame de Pompadour, ivre de rage, ne parut point au couvert du roi.

La comtesse y fut admise.

Avant la fin du jour, l'Italienne avait déjà une cour et des complaisants à Marly ; elle donnait sa main à baiser à tout venant, et le vieux duc papillonnait autour d'elle, comme s'il eût eu vingt ans encore.

Pendant ce temps aussi, Michaël, que

sa charge contraignait à assister au dîner du roi, Michaël était songeur, taciturne, il dévorait l'Italienne du regard et ne s'occupait nullement de la duchesse, qui s'émerveillait de plus en plus aux récits émouvants et aux fines saillies du marquis della Strada.

Le chevalier était le seul qui, en sa qualité de tête folle, conservât quelque raison et s'occupât de temps à autre de Blümmen, la rêveuse Allemande qu'il n'aimait plus beaucoup, mais qu'il feignait d'adorer un peu.

Le roi fut charmant de verve et d'entrain, la comtesse adorable de coquetterie et de passion. Comme le marquis, la comtesse avait tout vu et savait tout. Elle avait récité des vers de Racine et une tirade de Shakespeare, s'exprimant en anglais et en français avec une pureté égale. Elle avait donné son avis à M. Boucher, le peintre du roi, qui terminait un dessus de porte dans la salle de bains, et M. Boucher avait juré sur l'heure qu'elle devait peindre comme le Corrége ou Léonard de Vinci.

La comtesse était vêtue fort simplement, mais elle avait pour un petit million de diamants dans ses cheveux, et ces diamants, de la plus belle eau, parurent au roi étinceler beaucoup moins que ses grands yeux noirs.

A minuit, quand elle se retira, la comtesse fut reconduite chez elle par une cour tout entière ; on la saluait déjà comme la nouvelle favorite, — et M. d'Argenson, le lieutenant de police, qui était accouru à Marly, fut mal venu de dire au roi :

— Maintenant que Votre Majesté a satisfait sa curiosité, juge-t-elle nécessaire de recueillir de nouveaux renseignements sur cette aventurière ?

— Qu'appelez-vous aventurière ? demanda sèchement Louis XV ; c'est la nièce du cardinal Fornarini. Vous êtes un bélître, monsieur.

Ce soir-là, madame de Pompadour n'eut personne à son coucher. Sa femme de chambre, madame du Hausset, songea même à l'abandonner pour aller offrir ses services à la comtesse.

Celle-ci, retirée chez elle, bien que déjà deux heures du matin eussent sonné à toutes les pendules du château, n'avait point fermé l'œil encore, lorsqu'une porte dérobée s'ouvrit doucement au fond de sa chambre à coucher, et une femme entra, un flambeau à la main.

C'était madame de Pompadour.

— Bonjour, marquise, lui dit familièrement la comtesse en se soulevant à demi ; je vous attendais...

A ces mots, débités du ton le plus impertinent du monde, la marquise recula d'un pas.

CHAPITRE QUATRIÈME

IV.

Madame de Pompadour n'était plus, il faut en convenir, de la première jeunesse, — elle avait même déjà un peu de cet embonpoint qui indique parfaitement la seconde ; mais elle était encore belle cependant, et sa beauté pouvait soutenir une lutte opiniâtre contre toute autre que la comtesse de Lupe.

Rentrée chez elle, la marquise avait laissé d'abord un libre cours à son dépit, puis elle s'était prise à réfléchir froidement à la situation ; et enfin, elle s'était dit que, si belle que fût la comtesse, le roi pourrait bien s'en lasser comme il s'était lassé de toutes ses intrigues passagères.

Devenue plus calme, la marquise avait froidement médité, songeant aux moyens les plus convenables pour éliminer sa rivale. Tandis qu'elle y rêvait, le lieutenant de police, plus clairvoyant que la plupart des courtisans, et qui savait, par expérience, que le roi ne se dégagerait point aisément de l'influence despotique exercée sur lui par une femme en faveur depuis quinze ans, gratta chez la marquise et fut introduit.

L'obséquieux ministre de la police s'inclina devant la favorite aussi bas qu'il l'avait fait la veille. Cette humilité plut à madame de Pompadour, qui le toisa dédaigneusement et lui dit :

— Ah ! vous voilà !

Ces trois mots étaient secs, empreints de colère et de mépris, et ils eussent déconcerté fort un homme autre que d'Argenson ; mais il répondit avec calme :

— Je suis aux ordres de votre beauté, madame.

— Vous manquez d'esprit, monsieur.

— Madame la marquise a raison peut-être, fit-il humblement.

— Vous êtes un sot.

Le lieutenant de police s'inclina comme si on lui eût fait un compliment.

— Et vous mériteriez d'aller faire un tour dans vos terres, si vous en avez encore.

— Je suis pauvre, madame.

— Et, n'ayant plus de fortune, vous trouvez plaisant de ruiner le peu qui vous reste de votre crédit ?

— En quoi ai-je pu vous déplaire, madame ?

Cette question, si simple en apparence, était la plus habile des réponses ; le lieutenant de police avouait implicitement que la marquise était encore toute puissante.

— Qu'aviez-vous besoin d'adresser au roi ce rapport sur cette aventurière ?

— Je n'osais la faire arrêter sans l'ordre formel du roi.

— Je vous aurais donné cet ordre.

Le lieutenant de police aurait certainement pu répondre que l'ordre donné par la marquise n'était pas absolument suffisant, mais il se contenta de dire avec une humilité obséquieuse :

— J'avoue que la pensée ne m'en est point venue.

— Et c'est en cela que vous avez manqué d'esprit et de sens.

— Y a-t-il un moyen de réparer ma bévue ?

— Le sais-je ? fit la marquise avec impatience. Le coup est porté maintenant.

— Je puis la faire enlever...

La marquise frissonna de joie.

— Oseriez-vous ? demanda-t-elle ?

— J'oserai tout pour vous plaire, madame. Cependant...

— Ah ! il y a un cependant...

— Oui.

— Voyons ?

— Avant d'en arriver à cette extrémité, on pourrait peut-être tout concilier.

— Comment l'entendez-vous ?

— Obtenir de la comtesse qu'elle parte.

— Vous croyez ?

— Et lui faire quitter la cour dès demain, avant le lever du roi.

— Ceci me paraît difficile.

— Sans doute.

— Et même impossible.

— Rien n'est impossible.

— Que faut-il faire alors ?

— Cette femme est une aventurière

qui, j'ai quelque lieu de le croire, désire bien plutôt de l'or que du crédit et le rang de favorite, d'autant plus que cet homme qui l'accompagne est bien certainement...

— Vous croyez ?

— Oh ! j'en suis sûr.

— Bien. Mais si elle veut de l'or, il lui en faudra beaucoup.

— Peuh ! un ou deux millions.

— Et si elle refuse ?

— Alors je la ferai enlever et jeter

dans un cul-de-basse-fosse à Vincennes ou à la Bastille.

— Pourquoi ne le point faire tout de suite ?

— Dame ! fit M. d'Argenson, aujourd'hui, cette nuit, ce serait bien difficile; il n'y a ici que les Suisses, et les Suisses n'obéissent qu'au roi. Si nous attendons à demain, le roi l'aura revue, et le roi m'a si mal reçu tout à l'heure, qu'il est fort possible que demain je ne sois plus lieutenant de police.

— Soit, dit la marquise, je vais lui offrir de l'or.

Elle manda madame du Hausset.

La servile camérière, à l'attitude humble et repentante du lieutenant de police, comprit que madame de Pompadour n'était point une femme tout à fait perdue, et qu'une défection était plus que dangereuse. Aussi s'empressa-t-elle d'accourir avec une physionomie soumise et piteuse.

— Informez-vous adroitement, lui dit la marquise, du logis qu'habite cette aventurière et des moyens d'y pénétrer sans esclandre.

Madame du Hausset sortit pour remplir ses instructions et revint peu après.

La comtesse occupait un appartement voisin de celui de la marquise, et l'on pénétrait dans sa chambre à coucher par une porte masquée dans la tapisserie et ouvrant sur un escalier de service dont le roi s'était servi bien souvent du vivant de madame de Châteauroux, qui habitait ce logis.

La marquise et le lieutenant de police se regardèrent

— Il nous faut la clé de cette porte, dit la marquise.

— Oh ! quant à ceci, répondit en riant M. d'Argenson, je me fais fort de vous l'ouvrir.

— Vous ?

— Sans doute.

— Est-ce que par hasard, dit la marquise avec un sourire, vous crocheteriez les serrures avec l'habileté de ces filous que vous faites arrêter chaque jour ?

— Non pas, mais j'ai passé par cette porte souvent.

— En vérité ?

— Du vivant de madame de Châteauroux.

La marquise regarda M. d'Argenson et le trouva si laid, si horrible, qu'un éclat de rire moqueur lui échappa.

— Oh ! fit modestement M. d'Argenson, c'était simplement pour affaires de police.

— Alors, je vous crois, murmura la marquise d'un ton d'impertinence protectrice qui charma le grave officier.

— J'ai donc passé bien souvent par

cette porte, reprit-il, et je sais la manière de l'ouvrir.

— Sans clé?

— En pressant un ressort.

— Alors venez avec moi.

— Jusqu'à la porte seulement.

— Bien entendu.

Et la marquise passa une robe de chambre, car elle se trouvait au lit lorsque le lieutenant de police était entré, s'arma d'un flambeau et gagna la première un long corridor désert, à l'extrémité duquel se trouvait la porte de l'escalier de service dont il était question.

M. d'Argenson, sûr de son fait, marchait devant elle.

Il était alors, nous l'avons dit, bien près de deux heures du matin ; la chasse de la journée avait fatigué la plupart des hôtes de Marly, et tout dormait, en apparence du moins, dans le château, quand, arrivé à la porte secrète, le lieutenant de police mit sans hésiter la main sur le bouton de la serrure et le pressa.

La porte tourna sans bruit sur ses

gonds. Alors la marquise congédia d'un geste M. d'Argenson, qui s'en retourna à tâtons, et entra dans la chambre à coucher de la comtesse, qui lui dit avec un imperturbable sangfroid :

— Bonjour, marquise ! je vous attendais.

La marquise stupéfaite recula d'un pas.

— Est-ce que cela vous étonnerait? demanda la comtesse sur un ton de persiflage inouï.

— Mais, fit la marquise avec une politesse affectée, vous me connaissez à peine, madame.

— J'ai entendu parler de vous, fit la comtesse en s'inclinant.

— Ah ! fit la marquise, qui voulait à tout prix se contenir.

— Fort souvent même, reprit la comtesse.

Madame de Pompadour s'inclina.

— Je n'ai pas eu le même bonheur, moi, répondit-elle.

— Que voulez-vous ! marquise, continua l'Italienne d'un air protecteur ; j'ai eu jusqu'ici une des existences rigoureusement honnêtes et ignorées que ni la célébrité ni le scandale ne produisent au grand jour.

L'allusion était sanglante, et la fière marquise faillit perdre son sangfroid.

— Il est vrai, dit-elle, qu'on ne sait trop d'où vous sortez...

— D'Italie, marquise.

— Et d'où vous venez.

— De Rome, pour vous servir

— Le lieutenant de police prétend même...

— Ah fit la comtesse, que peut-il donc prétendre, ce pauvre M. d'Argenson ?

— Que votre titre de comtesse...

— Bon ! dit l'Italienne ; le lieutenant de police est un bélître et un sot. Il n'a recueilli sur moi que des renseignements erronés. Si la police était mieux faite, il saurait qui je suis et me ferait ses révérences...

— Ah ! fit dédaigneusement la marquise.

— Tenez, reprit la comtesse, le roi, qui se connaît en bonne souche, bien que, fit-elle avec un sourire qui frappa madame de Pompadour au cœur, il ait parfois remarqué des femmes du commun, le roi ne s'est point trompé, lui : il a bien vu que j'avais dans les veines du sang des Fornarini, la plus vieille maison romaine. Voyez, marquise, regardez donc ma main.

Et la comtesse tendit la plus belle main du monde à madame de Pompadour, qui n'y toucha.

— Figurez-vous, ma mie, poursuivit-elle avec un enjouement qui sembla de terrible augure à la favorite, que le roi, qui d'ordinaire est assez leste avec les femmes, a été fort respectueux avec moi.

— En vérité! fit la marquise avec un sourire de mépris.

— Il s'est mis à deux genoux, là, dans le parc, sous mes fenêtres, pour m'avouer qu'il me trouvait belle.

— Ah! dit la marquise dont le sang-froid s'en allait grand train, le roi a de singuliers goûts.

Pour toute réponse, la comtesse se leva, sauta à bas du lit, arracha à la marquise le flambeau qu'elle tenait, la prit par la main, la conduisit devant une grande glace de Venise posée en psyché, et lui dit avec calme :

— Regardez-vous donc, marquise! Vous êtes belle encore, c'est vrai, mais belle comme un soir d'automne, un crépuscule, un astre qui pâlit, un fruit mûr qu'attend l'étagère ou le pressoir. Tenez, vous avez deux rides au front; vos tempes sont mouchetées de petites taches roussâtres, signe évident de l'âge qui mûrit. En vous épilant ce matin, vos femmes de chambre ont oublié un fil d'argent dans vos cheveux ; et puis, mon Dieu ! vous grossissez, marquise, et je conseille à l'abbé Prévost et autres poètes, que vous entretenez, d'effacer des vers qu'ils vous font l'épithète de *frêle* et les mots de *taille de guê,.c.*

Une pâleur terrible était répandue sur les traits de la marquise. Elle s'avouait intérieurement que l'Italienne avait raison.

— Maintenant, reprit celle-ci en se plaçant devant madame de Pompadour et s'éclairant elle-même de façon à faire ressortir tous ses avantages, maintenant, regardez-moi !

Et elle avait raison, la comtesse, de se placer ainsi et de dire à la marquise : Regardez-moi !

Car elle était belle et superbe dans son attitude dominatrice, belle avec ses grands yeux noirs étincelants, avec ses lèvres rouges où le désir frissonnait, belle avec sa chevelure dénouée dont les flots épais ruisselaient sur ses épaules demi-nues et tombaient jusqu'à ses talons.

La marquise fut éblouie et chancela.

— Bien! fit la comtesse avec une ironie suprême : vous admirez, marquise, c'est tout simple, l'astre qui meurt salue l'astre qui naît.

— Je ne vous comprends pas, murmura madame de Pompadour ivre de courroux.

— Bah !

— Et que prétendez-vous ?

— J'aimerais assez à gouverner la France, marquise.

— Quelle impudence !

— Pour cela, ma mie, continua la comtesse en indiquant d'un geste hautain un fauteuil à la favorite, et se recouchant elle-même, — pour cela il ne suffit point d'être belle comme je le suis. Le roi Louis XV est un esprit léger, inconstant et faible ; il veut être dominé à tout prix, et mademoiselle Romans, pas plus que la comtesse d'Estrade, ne savaient s'y prendre.

La marquise tressaillit ; l'Italienne se révélait à elle sous un jour nouveau :

elle lui paraissait ambitieuse, tenace, obstinée, telle enfin qu'elle avait été elle-même et qu'il fallait être pour subjuguer le roi Louis XV.

— Je possède un peu les qualités nécessaires, marquise, poursuivit la comtesse.

— Vous oseriez donc ? exclama la favorite.

— Oser! Dieu, le vilain mot, marquise! il est détestable! *Oser* signifie secouer la timidité, l'irrésolution, la faiblesse; il n'y a que les natures incomplètes qui *osent*; le mot *audace* a été inventé pour elles comme un fouet est fabriqué pour un attelage indolent et lourd. Les caractères bien trempés *n'osent pas*; ils *font*, ce qui est mieux. Je vous en prie, faites donc part de cette dissertation aux académiciens que vous hébergez et habillez; ils s'en serviront, j'en suis sûre.

— Madame, dit froidement la marquise, je ne suis point venue ici pour y suivre un cours de langue.

— Oh! bien certainement; je sais tout

comme vous le motif qui vous amène chez moi à deux heures du matin.

— Vous le savez ?

— Sans doute. Vous venez me dire : « Choisissez : ou vous partirez dès demain avec deux millions dans vos valises... »

— C'est cher, dit la marquise.

— Vous voyez que je devine : « ou vous irez à la Bastille à l'instant même, par les soins de M. d'Argenson. »

La marquise fit un mouvement de surprise profonde.

— Eh bien! reprit la comtesse, j'en suis désolée pour vous, marquise, mais vous, si spirituelle d'ordinaire, vous manquez de bon sens aujourd'hui.

— Vous trouvez?

— Le contraire est-il possible? Vous venez offrir deux millions à une femme qui demain aura peut-être sous sa férule tous les ministres du roi. Depuis quand achète-t-on un palais avec un denier?

— A quelle somme prétendez-vous donc?

— A aucune, marquise.

— Prenez garde!

— Ah! oui, la Bastille? Eh! marquise, ce serait fort difficile aujourd'hui; quant à demain...

La comtesse acheva sa phrase par un sourire dont la signification donna le frisson à madame de Pompadour.

— C'est donc la lutte que vous me demandez? fit-elle hors d'elle-même.

— Pardon, je ne la demande point, je l'accepte, voilà tout.

— Et, si je vous offrais...

— Point d'or, marquise; je remue à la pelle celui de l'Église.

— Que vous faut-il alors?

— Ah! si vous aviez encore quelque crédit sur l'esprit du roi... peut-être...

— Voyons, parlez?

— Mais vous n'en avez plus...

— Parlez, j'en aurai.

— Ceci est un aveu détourné qui me flatte infiniment.

— Passons, dit séchement la marquise.

— Et rien ne me prouve...

— Oh! fit madame de Pompadour avec dédain, le roi n'a point été mon esclave pendant quinze années pour qu'il me soit impossible de lui arracher ce qui pourra.....

— On dit qu'il vous trouve..... ennuyeuse...

La marquise se mordit les lèvres.

— Pas d'insultes! fit-elle.

— Dieu m'en garde! répondit la comtesse; venons au fait.

— Je vous en prie.

— Ma chère amie, dit la comtesse, ne croyez-vous pas que le dévoûment à une noble cause fait faire de grandes et belles actions?

— Que voulez-vous dire?

— Et qu'il est vraiment honteux, pour une nation comme la France et pour un roi qui est le descendant de Louis XIV, qu'un prince, fils de roi comme lui, roi de droit comme lui, erre à travers l'Europe sans royauté et sans asile?

— De qui donc parlez-vous ? demanda la marquise étonnée.

— Du dernier prétendant au trône d'Angleterre, du prince Charles-Édouard.

— L'année dernière, le roi lui a donné un flotte entière et le maréchal de Saxe, à la fin d'effectuer une descente en Angleterre. Est-ce la faute du roi si la tempête a dispersé et rejeté ses vaisseaux à la côte de France ?

— Non, sans doute, fit la comtesse, que madame de Pompadour considérait avec étonnement.

— Je ne comprends point, dit-elle, en quoi le prince Édouard peut vous intéresser.

— Mais, répondit la comtesse, peut-être mon père était-il un Anglais ?

— Ah!

— Ou bien d'autres motifs, un motif d'amour, peut-être.

La marquise regarda l'Italienne.

— L'aimeriez-vous? fit-elle.

— Je ne dis point cela. Peu vous importe, d'ailleurs, de savoir...

— C'est juste.

— Donc, reprit la comtesse, je vous disais qu'il était honteux pour le roi de France...

— Est-ce une armée que vous demandez? se hâta d'interrompre la marquise; j'avoue que vous prenez de singuliers moyens pour l'obtenir.

— Tout chemin mène à Rome, dit la comtesse avec un sourire moqueur, et j'en viens.

— Mais où voulez-vous que le roi, qui

est en guerre avec l'empereur et le roi de Prusse, prenne une armée?

— Vous ai-je dit que je demandais une armée?

— Sont-ce des subsides pour en lever une?

— Pas davantage.

— Alors fit tranquillement madame de Pompadour, veuillez vous expliquer clairement, car j'avoue que je ne vous comprends pas.

— Soit, dit la comtesse. Connaissez-vous le colonel général des Suisses, un certain Michaël que le roi a fait duc?

Depuis cinq minutes la comtesse apparaissait à madame de Pompadour sous un jour tout nouveau, quoique non moins mystérieux ; cette femme était bien encore une aventurière à ses yeux, mais une aventurière d'un degré supérieur, et qui mêlait à ses intrigues de la haute politique.

La comtesse, par une brusque transition, dont le but échappa à la favorite, semblait écarter un moment le prince

Charles Édouard et sa cause pour aborder une question de détail et pour ainsi dire personnelle.

Elle lui parlait de Michaël.

Quelle corrélation étrange, quel lien mystérieux existait-il donc entre le colonel général des Suisses et le prétendant des trois royaumes ?

L'énigme se compliquait pour madame de Pompadour d'une assez bizarre façon.

Sa curiosité n'y tint plus, et, au lieu

de répondre directement à la question de la comtesse, elle lui demanda à son tour :

— Que peut-il donc y avoir de commun entre le duc de Valseranges.

— Et le prétendant? interrompit la comtesse. Ceci est mon secret, et je ne puis en divulguer que la moitié.

— Ah! fit la marquise avec dépit.

— Je vous ai demandé si vous le connaissiez...

— Sans doute; le contraire me paraît

absolument impossible : je le vois tous les jours.

— Il est bien en cour?

— Peuh! fit la marquise avec dédain.

— Est-il de vos amis?

— C'est un gros Allemand fort dévoué au roi et qui m'est fort indifférent.

— Le protégeriez-vous au besoin?

— Sans inconvénient, si c'était le moins du monde agréable aux personnes en relation avec moi. D'ailleurs, ajouta la marquise, je ne vois trop ce qu'on pourrait faire pour lui ; sa femme a si bien remué ciel et terre, qu'il remplit un emploi de haute distinction et jouit d'une position inespérée.

— S'il était besoin, au contraire, de le faire disgracier, de le perdre dans l'esprit du roi ?

— Ce serait tout aussi facile.

— Très bien ! nous allons nous entendre.

Et la comtesse fit une pose, tandis que madame de Pompadour attachait sur elle ce regard clairvoyant et rusé qui l'aidait si bien à fouiller la pensée des autres.

— Marquise, reprit nonchalamment la comtesse, ce Michaël est brave n'est-ce pas ?

— Très brave.

— Téméraire même ?

— Sa témérité vient d'une confiance sans bornes en lui-même.

— Nul mieux que lui ne serait propre à une expédition hardie, à un coup de main ?

— Je le crois.

— Et ce serait un homme précieux dans une de ces tentatives chevaleresques et folles, et qui réussissent par cela même qu'elles sont impossibles ?

— Peut-être...

— Ainsi, par exemple, si vous aviez à faire enlever un général au milieu de son armée, ou à prendre une ville avec un seul homme, vous choisiriez Michaël?

— Incontestablement.

— Et le chevalier de Morangis ?

— Ah! dit la marquise, celui-là est peut-être aussi brave que Michaël, mais je ne lui confierais absolument rien : c'est un impertinent et une tête folle.

— Vous lui en voulez, marquise.

— Fi! dit la marquise, ma haine monte ordinairement plus haut.

— Il aura fait quelque plaisanterie méchante, quelques vers malins, tenu un propos leste sur les humeurs noires du roi... je comprends... dit la comtesse avec un sourire, qui, une fois de plus, choqua la favorite. Il est railleur, le chevalier, poursuivit l'Italienne, d'assez vieille noblesse pour fronder à peu près tout, même les faiblesses du roi, et vous savez hélas! si le roi a des faiblesses nombreuses, marquise...

— Madame, interrompit froidement la favorite, je croyais que nous traitions des affaires graves.

— C'est juste. J'y reviens. Le roi aime-t-il beaucoup le chevalier?

— Hélas!

— Et sa faveur est donc, par conséquent, plus difficile à saper que celle de Michaël.

— J'en conviens.

— Cependant, ma mie, il faudrait, pour que nous puissions nous entendre, que le chevalier fut exilé dans ses terres avant huit jours.

— Pourquoi cela ?

— Attendez donc... et que ce Michaël le fût pareillement dès demain.

— Votre énigme se complique, comtesse.

— À la bonne heure, marquise ! fit l'Italienne en riant, vous vous apercevez enfin que nous sommes sur le terrain de la diplomatie, et vous daignez m'octroyer mon titre. Merci bien.

— Après? dit sèchement la favorite.

— Vous m'aviez bien comprise?

— Parfaitement.

— Si je quitte Marly et la cour dès demain, si le roi ne me revoit point...

— Michaël sera exilé, je vous le promets.

— Et le chevalier de Morangis?

— Pareillement.

— Sur quoi fondez-vous votre promesse ?

— Mais, dit la marquise enchanté d'en être quitte à si bon marché, sur ma parole.

— *Verba volant,* fit la comtesse, qui savait le latin aussi bien que les langues vivantes.

— Alors, ajouta madame de Pompadour, sur un raisonnement fort simple...

— Voyons ?

— Le roi vous trouve belle?

— Il me l'a dit.

— Il peut vous aimer...

— Peut-être m'aime-t-il déjà.

— Et s'il vous aime, mon crédit est ruiné?

— De fond en comble.

— Vous savez que je n'aime point M. de Morangis?

— Vous me l'avez dit.

— Que Michaël m'est indifférent?

— Je le vois.

— Alors, pourquoi voulez-vous que je coure le risque de vous voir reparaître à la cour dans le simple but de laisser en paix ces deux gentilshommes?

— Ceci est très juste, marquise, et je compte à présent sur vous pour l'exécution de votre promesse.

— Comptez-y, et maintenant m'expliquerez-vous?...

— Je pourrais vous refuser cette explication; car remarquez, marquise, que c'est moi qui dicte les conditions; mais je n'y vois, du reste, aucun inconvénient.

La marquise regarda la comtesse attentivement. Cette femme lui paraissait de plus en plus étrange.

— Il est parfaitement inutile, reprit l'Italienne, que je vous dise quel lien, quel intérêt m'unit au prétendant des trois royaumes; c'est d'ailleurs mon secret. Mais ce que je puis vous dire, c'est que Charles Édouard compte faire, avant peu, une descente en Écosse.

— Ah! fit la marquise étonnée; et avec quelles troupes, quels navires?

— Avec un seul bâtiment et une poignée d'hommes.

— Quelle folie!

— Je vous l'ai dit, c'est une entreprise chevaleresque, et j'en ferai partie.

— Vous?

— Tiens! dit la comtesse en se dressant sur son séant et donnant à son regard une mâle expression, tandis qu'elle étendait hors du lit sa belle main, sous l'albâtre de laquelle il sembla voir à la marquise des muscles d'acier, — pourquoi n'en serais-je pas ?

— Une femme !

— Marquise exclama la comtesse avec un fin sourire, si vous aviez lu le rapport que le lieutenant de police a adressé au roi, vous sauriez que je tire le pistolet et fais des armes comme un homme. Ne trouvez-vous pas qu'un rôle d'héroïne s'ajusterait à ma taille ?

Cette femme se révélait à la marquise sous un aspect si différent de sa première impression, elle commençait à la trouver si forte, si grande, si énergiquement trempée, qu'elle s'applaudissait de voir tourner ainsi les événements et de n'avoir plus à redouter une rivale.

— Or, continua l'Italienne, pour cette expédition il nous faut des hommes braves et forts jusqu'à la folie.

— Et vous avez songé à Michaël et au chevalier?

— Sans doute.

— Est-ce là le seul but qui vous a amenée à la cour de France?

— Peut-être...

— Oh! quant à ceci, ma belle comtesse, dit la marquise avec enjoûment, vous me permettrez de n'en point croire un mot.

La Comtesse regarda froidement madame de Pompadour et lui dit :

— Que vous importe?

— A la bonne heure! fit la marquise; mais s'il en était autrement, le jeu n'en vaudrait pas la chandelle.

— Je poursuis, reprit la comtesse, Michaël et le chevalier disgrâciés et privés de leur emploi...

— Iront chercher fortune ailleurs, c'est tout simple.

— Et nous en ferons les chefs de l'expédition.

— Qu'est-ce qu'une poignée d'hommes contre les forces de terre et de mer des trois royaumes?

— Une poignée d'hommes, marquise, c'est la traînée de poudre qui incendie le monde, l'étincelle que le vent de l'enthousiasme promène sur un noble pays et qui le met en feu. Les trente hommes qui nous suivent lèveront une armée en deux jours?

— Le marquis della Strada est-il de l'expédition?

— Le marquis me suit partout...

— A quel titre? demanda méchamment madame de Pompadour, que la comtesse avait trop froissé depuis une heure pour qu'elle laissât passer l'occasion d'une remarque impertinente.

— A titre d'ami, répondit négligemment la comtesse. Je vous l'ai dit, ma vie a été jusqu'ici à l'abri du scandale et de la renommée.

— La marquise se mordit les lèvres.

— Seriez-vous la Jeanne d'Arc ou l'Agnès Sorel du prince Charles Édouard? demanda-t-elle aigrement.

— Ni l'une ni l'autre.

— Vous n'avez donc jamais aimé?

La comtesse tressaillit, et une pâleur mortelle se répandit soudain sur son visage.

Bon ! pensa la marquise, la

femme forte est vulnérable par un côté.

La comtesse se remit de son trouble aussitôt et lui dit brusquement :

— De quel droit me demandez-vous mes secrets, et pourquoi voulez-vous savoir à quel titre j'accompagne le prétendant? Il me semble, cependant, que j'ai exigé de vous bien peu de chose en échange de mon départ. Dois-je donc rester ?

— Non, non ! fit madame de Pompadour frissonnant et craignant que la comtesse ne se repentît du marché.

— Soyez tranquille, lui dit celle-ci avec dédain, j'ai soif de bien autre chose que de la faveur dont vous jouissez, et je passe au pied du trône de France sans même tourner la tête pour lui adresser un regard. Au point du jour je serai partie. Adieu, marquise, je vous laisse le champ libre. Songez que c'est un tort impardonnable d'avoir les yeux battus devant le roi. Vous aurez une assez lourde tâche, du reste, ajouta-t-elle ironiquement, il vous faudra me faire oublier.

Et cette femme, qui ne daignait pas

sourire à l'amour d'un monarque comme Louis XV, congédia la favorite d'un geste de reine.

— Bonsoir, marquise, lui dit-elle. Songez à votre promesse.

— Je la tiendrai, répondit madame de Pompadour.

La porte secrète se referma sur la marquise, et la comtesse demeura dans l'obscurité.

Celui qui alors eût été placé dans un coin de la chambre eût pu voir étinceler ses yeux comme des escarboucles et entendre ces mots, qu'elle prononça avec un strident éclat de rire :

— A nous deux donc, Michaël ! J'ai attendu cinq années, et, tu l'avoueras, je suis la plus patiente des femmes !

CHAPITRE CINQUIÈME

V

Tandis que la marquise s'entretenait avec l'Italienne et regagait ensuite son appartement, la duchesse de Valseranges, retirée chez elle, s'y trouvait en proie à une agitation fébrile dont la cause lui était inconnue à elle-même.

On gratta à la porte, la camérière alla ouvrir.

C'était le chevalier qui errait, malgré l'heure avancée, le feutre incliné sur l'oreille, le jabot froissé, les chausses débraillées, le nez en l'air et l'œil brillant comme un homme qui a galamment soupé en compagnie de femmes charmantes et de convives spirituels.

— Que venez-vous donc faire chez moi? demanda la duchesse avec un étonnement peu gracieux pour son ancien adorateur.

— Ma pauvre duchesse, fit M. de Morangis d'un ton léger, tous ces gens-là sont ivres et n'ont plus d'esprit: j'en viens chercher un peu chez vous.

— De quels gens parlez-vous !

— Des convives de Sa Majesté.

— Je le sais, j'étais du souper.

— Lorsque vous êtes partie, on causait encore ; maintenant on dort partout.

— J'en vais faire autant.

— Oh! non pas!

— Comment l'entendez-vous?

— Vous ne fermerez pas l'œil de la nuit.

— Qui donc m'en empêchera? Est-ce vous?

— Dieu m'en garde!

— Va-t-on m'envoyer à la Bastille?

— Vous fascineriez le gouverneur, qui ouvrirait toutes ses cages si vous veniez à l'en prier.

— Alors, je ne vois pas...

— Duchesse, vous souvient-il du temps où vous n'étiez que marquise?

— Visez-vous à l'impertinence!

— Non... et du temps où nous étions en Hongrie, à l'Adlers-Nest?

— Oui, sans doute.

— Vous souvient-il encore que vous eûtes toutes les peines du monde à m'ouvrir votre cœur?

— Absolument comme vous.

— A m'avouer que vous aimiez Michaël.

— Comme vous à convenir que vous adoriez Blümmen.

— Soit. Eh bien ! soyez donc plus sincère ce soir.

— Que voulez-vous dire ?

— Comment trouvez-vous le marquis della Strada ?

— Insignifiant.

— Quel gros mensonge !

— Je vous jure...

— Ne jurez pas et rougissez moins. Vous êtes belle comme à vingt-deux ans, duchesse, mais vous en avez vingt-sept.

— Pas possible !

— Sonnés, duchesse ; je suis votre cadet de trois jours.

— Mon aîné, je crois ?

— Du tout. A notre âge on ne rougit plus, et de vieux amis comme nous ne dissimulent point sans cesse.

— Je ne dissimule pas.

— Alors avouez que le marquis vous a paru si charmant.

— Par exemple !

— Il l'est, duchesse; il l'est plus que Michaël, votre héros de roman.

— Ah! oui, dit la duchese avec un bâillement très significatif; où diable avais-je donc la tête, alors, de croire Michaël un héros ?

— Où l'avais-je moi-même de méprendre ainsi de la pauvre Blümmen?

— Elle est bien sentimentale, il est vrai.

— Michaël est bien taciturne, je vous jure.

— Blümmen, si on la laissait faire, passerait sa vie dans les champs à manger du crosson de fontaine comme Cyrus, et à boire l'eau des ruisseaux comme les poëtes que vous n'aimez pas et que je commence à ne plus aimer.

— Michaël ne mangeait pas à l'Adlers-Nest; il était maigre comme un romancier amoureux; aujourd'hui il est glouton, il dévore. Le roi prétend que feu Louis-le-Grand, s'il l'eût vu à sa table, l'aurait enthousiasmé, créé chevalier de Saint-Michel.

— Blümmen s'ennuie partout.

— Michaël ne s'amuse nulle part.

— Ah! soupira la marquise, M. de Crébillon est bien coupable envers moi!

— Et moi, ajouta le chevalier, je me repens bien de ne lui point avoir rompu les os à coups de canne.

— Que diable allions-nous donc faire en Allemagne?

— Le sais-je !

— Aussi est-ce la faute de ce drôle de tabellion !

— Eh ! non, marquise, c'est la vôtre.

— Comment cela ?

— Vous souvient-il du jour où le bonhomme Walkenein arriva ?

— Certainement.

— Nous nous aimions un peu, convenez-en.

— Oh ! si peu...

— Soit, mais nous nous aimions. Je vous demandais votre main, vous vous faisiez prier ; mais toutes les femmes sont ainsi faites, elles finissent par accorder.... quand on ne demande plus rien.

— Fat !

— Attendez donc : après votre premier refus, j'aurais attendu huit jours et fait mine de prononcer mes vœux. Bien certainement le neuvième vous m'eussiez épousé.

— Cela est fort possible.

— Mais vous aviez les aventures en tête ; on vint vous parler d'héritage, de tonnes d'or, de bandits, et il fallut partir pour d'Adlers-Nest. Là, après avoir couru toute sorte de périls saugrenus, nous rencontrons, vous un homme vêtu de peaux de bête et qui a une tête de héros, moi une petite Allemande rêveuse et vêtue à l'orientale. Nous tombons amoureux comme des écoliers, — puis, quand nous nous retrouvons ici, en France, dans un monde raisonnable, nous nous apercevons...

— Ah ! interrompit la duchesse avec

humeur, à quoi bon rappeler des rêves évanouis?

— Le mot de *rêve* me plaît.

— Le mal est sans remède.

— C'est possible, mais vous n'en croyez pas un mot, si j'en crois l'attention que vous prêtiez au séduisant marquis della Strada.

— Vous êtes un sot, chevalier !

— Pourquoi ? Il est bien tourné, spirituel, c'est un homme du *bel air*.

— Vous croyez? demanda la marquise avec cette ingénuité railleuse qui lui seyait si bien à l'Adlers-Nest.

— J'en suis persuadé, à moins toutefois que ce ne soit un aventurier.

— Fi! quelle idée!

— Et dans ce cas, duchesse, ce serait le tome second de votre roman dont vous tourneriez le premier feuillet.

— Mon roman n'a qu'un volume... et je le trouve bien long, soupira madame de Valseranges.

— Pauvre Michaël! murmura le chevalier avec une compassion comique.

— Pauvre Blümmen! répondit la duchesse sur un ton identique. A propos, avez-vous remarqué cette Italienne?

— Sans doute.

— Trouvez-vous pas qu'elle ressemble à la Louve?

— Comme le diamant au strass. La Louve n'en serait que la pâle imitation.

— Soit, mais cette ressemblance m'a frappée.

— Elle a frappé Michaël bien davantage.

— Par exemple !

— Rien de plus vrai. Il en est devenu tout songeur.

— Bah ! il songe éternellement.

— Duchesse, je vous fais un pari.

— Voyons.

—Je gage que Michaël sera amoureux de la comtesse avant deux jours.

— Fi ! dit la duchesse avec l'accent de

la vanité blessée ; serait-ce parce qu'elle ressemble à la Louve ?

— Certainement.

— Quelle sotte plaisanterie !

— Ma belle amie, dit le chevalier avec calme, pendant combien de mois Michaël vous a-t-il aimée ?

— Mais, répondit la duchesse, j'espère bien qu'il m'aime toujours.

Le chevalier se prit à rire.

— Les femmes sont toutes les mêmes, dit-il, elles ne doutent de rien.

— Ma belle amie, reprit le chevalier, Michaël est duc.

— Grâce à moi.

— Il est colonel général des Suisses.

—Toujours grâce à moi.

— Au premier jour, le roi le fera chevalier de l'Ordre.

— Peut-être.

— Et vous rêvez pour lui un portefeuille?

— J'ai de l'ambition, répondit modestement la duchesse.

— Vous parlez d'or, duchesse, mais vous manquez de bon sens.

— Chevalier, vous abusez singulièrement de notre vieille amitié.

— Du tout. Écoutez-moi : quand vous rencontrâtes Michaël, Michaël était un pauvre hère, sans autre bien qu'un fusil à double coup, quelques charges de poudre et de plomb, trois chiens et sa part d'un manoir en ruine, devenu un repaire de brigands.

— C'est assez vrai, cela.

— Michaël vous vit, il vous aima. Vous

le dominiez de toute la hauteur du prestige et de l'inconnu qui s'attache à une femme jeune et belle, arrivant d'une terre civilisée au milieu d'une population de sauvages. Vous étiez plus qu'une femme pour lui, vous étiez une fée...

— Le mot est joli.

— Il est juste. Alors Michaël vous aima de toutes les puissantes facultés de son âme à peu près neuve et de sa sauvage et primitive nature. Son amour fut un culte, ce culte une adoration. On aime toujours davantage la femme que l'on croit supérieure à soi-même d'intelligence, de volonté, et surtout de rang social.

— Chevalier, mon bel ami, interrompit la marquise, vous avez un talent merveilleux pour peindre l'amour, et je m'étonne que vous n'écriviez point un livre.

— Je ferai cadeau de mes opinions sur cette matière au premier poète que je rencontrerai et qui ne dînera que trois fois par semaine. Je poursuis :

— Sera-ce long ?

— La question est désobligeante; mais

je poursuis cependant. Maintenant Michaël est duc ; il est colonel des Suisses ; il sera chevalier de l'Ordre demain. Michaël est un bélître qui ne s'aperçoit pas que son élévation successive vous est due tout entière, et il s'imagine qu'on se contente de récompenser honorablement son mérite.

— Vous avez raison peut-être, dit la duchesse, piquée au vif de cette réflexion de son cousin.

— Donc Michaël s'imagine être sur un pied d'égalité parfaite avec vous, peut-être même pense-t-il qu'il est un homme réellement supérieur.

— Il l'est, observa la duchesse blessée dans son amour-propre de femme.

— Il l'était, duchesse, à la tour et à l'Adlers-Nest, dans son sauvage pays, au milieu de sa sauvage famille, qui tremblait sous son regard. Mais vous souvient-il de notre retour à Versailles? Comme ce pauvre dominateur était mal à l'aise parmi nous, aux réceptions de la cour, au milieu de notre monde galant et léger!

— Bien ! dit sèchement la duchesse. Après ?

— Après, duchesse ? Il est aisé de concevoir que si Michaël vous aime encore, et je veux bien l'admettre, son amour n'a plus le brûlant entraînement, les sauvages fureurs, les emportements fébriles de la passion ; c'est un sentiment contenue froid, une affection protectrice qui coule lentement et sans bruit, quelque chose de monotone comme une tragédie de M. Racine le fils, ou une ode du révérend père Lefranc de Pompingnan. Or, poursuivit le chevalier...

— Où voulez-vous donc en venir? fit la duchesse avec impatience. Vous êtes d'un pédantisme insupportable!

— A ceci : qu'il ne serait nullement étonnant que Michaël se prît à aimer la comtesse.

— Elle est belle...

— Non point parce qu'elle est belle, mais parce qu'elle ressemble à la Louve.

— C'est là ce que vous me voulez prouver?

— Évidemment.

— Eh bien! voyons, mais abrégez, je

vous prie ; on dirait que vous composez un de ces livres ennuyeux que vous n'aimez pas...

— M'y voici. Je viens de vous dire comment et pourquoi Michaël vous avait aimée comme un être supérieur.

— Oui.

— Et comment, à présent, il ne peut plus ressentir pour vous qu'une affection calme et nonchalante, une affection de mari.

— J'ai parfaitement compris.

— Eh bien au milieu de sa nouvelle

fortune, et je dirai presque de sa méta-morphose, Michaël éprouve parfois de ces lointains regrets du passé qui ne sont, à vrai dire, que les vagues réminiscences du sol natal et de sa jeunesse. Sous son habit chamarré d'or, il se revoit, bien certainement, vêtu de son doliman de peau de mouton, — et lorsqu'il assiste au couvert du roi, il se souvient du temps où il dépéçait lui-même un daim ou un chevreuil dans la salle basse de la tour des Gerfauts et en jetait la curée à ses chiens. Ce temps-là, c'était celui de sa pauvreté, de son dénûment, de son in-famie; c'était aussi celui de sa jeunesse.

— Eh bien! après?

— Pour nous qui nous poudrons à frimas et nous posons des mouches à quinze ans, duchesse, la jeunesse n'a point ce prisme éclatant, ces tons chauds et colorés de la vie agreste et des montagnes; nous nous étudions, enfants, à devenir vieux sans transition...

— Ai-je réussi? minauda la marquise.

— Non, vous êtes toujours jeune. Je continue. Michaël se rappelle donc sa jeunesse, cette jeunesse aventureuse, semée de périls et d'émotions, et alors, parmi les figures grimaçantes de son oncle et de ses frères, passe devant ses yeux l'ombre de la Louve, non point de cette Louve cynique et féroce, de ce monstre hideux que nous avons vu, mais la Louve à seize ans, belle pour lui de toute la beauté du premier amour, belle parce qu'il ne vous avait point rencontrée encore, belle surtout parce que la première maîtresse est la seule qu'on n'oublie point à la longue. Parfois c'est une paysanne, une pauvre fille, moins que rien; marquises et duchesses lui succèdent, et ne laissent aucune trace dans le cœur et dans la tête, où son souvenir à elle est resté !

La duchesse tressaillit à ces dernières paroles.

— Chevalier, demanda-t-elle, croyez-vous que si Michaël revoyait cette femme, cette femme furieuse et souillée dont il avait horreur, il la pourrait aimer encore?

— Peut-être...

— Eh bien ! rassurez-vous, il ne l'aimera pas.

— Ah !

— Il ne la reverra point.

— C'est probable.

— C'est plus que certain. Tenez, j'ai reçu cette lettre il y a deux heures, et Michaël ne l'a point lue encore. Elle est du bonhomme Walkenein. Lisez.

Le chevalier prit la lettre et lut :

« Madame la duchesse,

» Je crois beaucoup plus sage de vous écrire à vous, de préférence à M. le duc, pour vous annoncer l'affreux malheur qui vient de le frapper. Le coup sera moins rude, adouci et préparé par vous. Vous savez que, depuis la mort de votre excellent oncle Samuel, Wilhem et Conradin habitaient l'Adlers-Nest. La Louve les y avait suivis. Ces jeunes gens avaient bon cœur, mais mauvaise tête. La fortune les avait éblouis, et ils finirent par abandonner le pays pour aller habiter Vienne, où ils menaient grand train et joyeuse vie. La Louve ne les quittait pas. Quand l'automne arrivait, ils revenaient à l'Adlers-Nest pour chasser, et n'en repartaient qu'aux fêtes de la Noël.

» Il paraît que, malgré leur grande fortune, ils menaient plus grand train encore, car, chaque année, ils vendaient un coin de l'héritage, et les terres qui dépendent de l'Adlers-Nest s'étaient considérablement rétrécies.

» Il a huit jours, ils arrivèrent au manoir, et le bruit courut qu'ils allaient s'y installer pour l'été. On les aimait fort dans le pays, ils étaient devenus charitables et bons, la joie fut universelle. Hélas! on ne s'attendait pas à l'horrible catastrophe qui devait suivre.

» Une nuit, l'Adlers-Thal fut éveillé

par un horrible fracas, les montagnes mugirent et chancelèrent, le Danube faillit déborder, plusieurs maisons s'écroulèrent... L'Adlers-Nest venait de sauter.

» On se perd en conjectures sur ce sinistre événement : mais je crois, moi, que les pauvres jeunes gens, après avoir follement dissipé leur fortune entière, n'avaient point voulu survivre à leur ruine, et qu'ils se sont volontairement ensevelis sous les décombres de leur manoir.

» Agréez, etc. »

— Le chevalier rendit en riant la lettre à la duchesse.

— Il paraît, dit-il, que la haine et l'effroi que les Gerfauts inspiraient à ce pauvre tabellion s'étaient considérablement amoindris dans ces derniers temps. Il les traite avec des égards incomparables, et il paraît croire que Michaël les va pleurer pendant quarante-huit nuits.

— Ils étaient riches, répondit laconiquement la duchesse.

Puis elle reprit son sourire enjoué.

— Vous voyez, dit-elle, mon pauvre chevalier que la Louve ne pourra être ma rivale.

— Mais la comtesse le sera, fit le chevalier d'un ton dégagé.

Un sourire d'incrédulité glissa sur les lèvres de madame de Valseranges.

— Je ne crains rien, dit-elle. Il n'y avait qu'un premier amour, comme vous le disiez fort bien...

— Si la ressemblance lui semble frappante...

— Eh bien ! le roi n'est-il point là ?...

— Pourquoi faire ?

— Pour prouver à Michaël que la Louve et la comtesse n'ont rien de commun.

— Le roi ne transformera point le visage de la comtesse, je suppose.

— C'est juste, mais...

La duchesse sourit.

— Bah ! fit le chevalier, madame de Pompadour n'a-t-elle pas eu des faiblesses ?

— Mais, chevalier, s'écria la duchesse avec vivacité, vous voulez donc me pousser à bout?

— Moi ?

— M'exaspérer ?

— Comment donc ?

— Me rendre jalouse !

— Palsambleu! duchesse, si vous m'aviez épousé, vous seriez à l'abri de ce mal.

Cette assurance, dans la bouche du chevalier, parut tellement comique à madame de Valseranges, qu'elle partit d'un franc éclat de rire et lui dit :

— Laissez-moi donc me coucher; dirait-on pas que vous venez me faire de l'amour rétrospectif, et que pour vous faire aimer de moi vous essayez de noircir Michaël ?

— Que vous importe ?

— Beaucoup, il me semble.

— Vous ne l'aimez plus...

— Je n'ai point dit cela.

— Alors je l'ai deviné.

— Vous devinez mal.

— Surtout lorsque je crois m'apercevoir que le langage du marquis napolitain...

— Assez! fit la duchesse avec humeur. Laissez-moi donc me coucher.

— Adieu, duchesse. A propos, je vais m'inscrire à la porte de madame de Pompadour, qu'on enterre demain vraisemblablement. Pauvre marquise !

Et le chevalier s'en alla en murmurant:

— Il faut avouer que je joue de mal-

heur d'être toujours un peu amoureux de
ma cousine ; quand nous étions à l'Adlers-Nest, elle me préféra Michaël ;
maintenant elle va se tourner la tête
pour ce Napolitain. Cette femme est
folle à lier ; elle croit que la vie est un
roman !

CHAPITRE SIXIÈME

VI

—

Tandis que le chevalier se rendait chez la duchesse, le roi, rentré chez lui, avait mandé Michaël.

Michaël, muet, taciturne, avait assisté

au souper du roi comme on assiste à une exécution. Il était d'humeur fort noire ce soir-là, et si le roi n'eût été si gai, il s'en fût aperçu et lui eût dit:

— Duc, vous êtes dans une situation d'esprit charmante pour causer de choses funèbres. Allons donc faire un tour au cimetière de Marly.

Mais le roi avait oublié les enterrements, les cimetières, les flèches de Saint-Denis et la mort, sa perpétuelle préoccupation, lorsqu'il n'était point surexcité par un incident nouveau jeté au travers de sa monotone existence.

La comtesse italienne avait si bien ébloui, si bien fasciné Louis XV, qu'à cette heure où il se retrouvait seul aux mains de ses pages et de ses valets de chambre, il ne se souvenait réellement plus que madame de Pompadour eût réellement existé.

Michaël s'avança respectueusement. Le roi renvoya les personnes de service, et, lorsqu'ils furent seuls, il lui dit :

— Duc, puis-je compter sur vous ?

— Votre Majesté douterait-elle de ma fidélité ?

— Non pas, mais la mission que je vais vous confier est délicate.

— J'attends les ordres de Votre Majesté.

— La comtesse de Lupe est au château, vous le savez !

— Michaël tressaillit.

— Je le sais, dit-il.

— La marquise est furieuse, m'a-t-on dit.

Michaël, devenu rêveur soudain, ne répondit pas.

— Elle est furieuse, reprit le roi, et il y a beaucoup de gens à Marly qui lui sont dévoués.

— Ah! fit distraitement Michaël.

— Je me suis aperçu, continua Louis XV, que rien n'était aisé comme de me tromper.

Michaël écoutait sans rien comprendre.

— Et je ne serais pas étonné que cette nuit même on ne tentât un coup de main sur la comtesse.

Michaël tressaillit de nouveau.

— Il est toujours facile, poursuivit Louis XV, d'enlever une femme et de dire: La comtesse est partie cette nuit, craignant quelque violence, ou bien le marquis della Strada, son cousin ou son amant...

A ce dernier mot, Michaël devint pâle.

— L'a contrainte, acheva le roi, de quitter Marly et de fuir la cour.

— Je ne comprends plus Votre Majesté.

— Vous allez me comprendre, duc. La marquise a le lieutenant de police dans sa manche. Morangis, que je viens de renvoyer, prétend avoir vu d'Argenson se rendre chez elle. Or, si le lieutenant de police et la marquise s'entendent, la comtesse sera enlevée, et on la fera disparaître sans que moi, le roi, j'y puisse voir clair le moins du monde. Les rois sont faits pour être dupés.

— Que dois-je faire? demanda Michaël.

— Remplir l'emploi d'un simple mousquetaire, mon cher duc.

— Faut-il enlever la comtesse moi-même ?

— Non pas ; il faut vous placer à sa porte cette nuit et n'en bouger.

— Mais, fit Michaël, qui devint pâle et ému soudain, Votre Majesté s'intéresse donc à cette dame ?

— Hein ? dit le roi.

— Votre Majesté, poursuivit Michaël, compte donc la retenir à Marly ?

— Sans doute, c'est une femme charmante.

— Il y en a beaucoup à la cour déjà.

— Fort peu, duc, et, après votre femme..

Le roi crut faire un compliment à Michaël; Michaël, en sa qualité de mari, n'y prit garde et ajouta :

— Vous ne savez point qui elle est.

— Duc, mon bel ami, fit le roi avec une gaîté charmante, avez-vous vu une femme plus belle ?

— Je ne sais pas, balbutia Michaël.

— Avez-vous remarqué cette luxuriante chevelure, ces belles mains, ces ongles rosés, ce port de reine ?...

— Non, dit Michaël frémissant.

— Prenez une lanterne, duc, et cherchez, comme Diogène, non point un homme, mais une femme; si vous en trouvez une pareille...

— Le service de Votre Majesté ne m'en laisserait pas le temps, répondit le duc qui s'efforça de sourire.

— Et quel esprit! quelle verve! poursuivit le roi enthousiasmé; elle était étincelante d'entrain et de saillies, ce soir à souper.

— Votre Majesté ne s'abuserait-elle point?

— Non, ventre-saint-gris! comme disait mon aïeul Henri-le-Grand; je m'y connais, duc.

— Mais enfin, si cette femme...

— Bon! encore le mot d'aventurière que je vois errer sur vos lèvres! Hé! qu'importe! mon cher duc, le blason des femmes est écrit sur leur visage; il n'y a que celles qui sont laides qui n'aient pas le droit d'avoir des parchemins. Toute femme belle appartient à l'aristocratie.

Michaël était pris d'un malaise indicible : chaque mot du roi lui entrait au cœur comme un coup de poignard.

— Ainsi, duc, acheva le roi, vous m'avez entendu ?

— Oui, sire.

— Vous allez passer une nuit blanche.

— Mes nuits appartiennent à Votre Majesté.

— Et vous me répondez de la comtesse ?

— Sur ma tête, balbutia Michaël en s'inclinant.

Et il sortit.

Lorsqu'il se trouva dans le corridor qui conduisait à l'appartement occupé par l'Italienne, le duc porta la main à son front.

— Je crois que j'ai la fièvre, se dit-il.

Puis il ajouta tout rêveur :

— Pourquoi diable cette femme me trouble-t-elle ainsi ? Irais-je l'aimer comme le roi?

A cette brusque question qu'il s'adressait à lui-même, Michaël eut le vertige.

— Pourquoi l'aimerais-je? reprit-il.

Les lèvres du duc ne formulèrent aucune réponse, mais une voix secrète bourdonna dans son cœur et lui dit:

— Parce qu'elle ressemble à la Louve...

Cu fut tout un monde de révélations

pour Michaël; il comprit pourquoi il avait souffert durant le souper en voyant la comtesse l'objet des assiduités empressées du roi; — pourquoi, tout à l'heure, chaque parole de Louis XV détaillant complaisamment les mérites de la comtesse lui avait fait tant de mal.

— J'aimais donc la Louve? se demanda-t-il alors.

Et la voix secrète lui répondit:

— On aime toujours la première femme dont les lèvres ont effleuré votre front. Un autre amour la bannit momentanément de votre cœur, mais elle y rentre tôt ou tard d'une façon despotique et on ne l'oublie jamais, ce qu'on aime en elle, peut-être n'est-ce point elle-même ; mais c'est votre jeunesse illusionnée, le printemps de votre vie écoulé à ses pieds qu'on regrette ; — c'est son premier sourire tombé sur votre cœur comme une étincelle, son premier regard qui rencontra le vôtre et vous fit tressaillir ; — ce sont les lointains bleuâtres des collines, les couchers de soleil et les panoramas que vous admirâtes naïvement ensemble ; — les prairies qu'ensemble vous avez foulées au bras l'un de l'autre, que vous aimez encore et dont vous vous souviendrez toujours.

Et Michaël s'abîma en une rêverie profonde, et il se promena pendant plusieurs heures à la porte de la comtesse, croyant être encore à la tour, bien avant l'arrivée de sa blonde marquise de Valseranges.

La porte de l'Italienne, s'ouvrant alors sans bruit, arracha le duc à sa suprême mélancolie.

CHAPITRE SEPTIÈME

VII

Michaël, au moment où cette porte s'ouvrit, recula d'un pas tout ému.

La comtesse toute vêtue était sur le seuil.

En apercevant Michaël, elle parut éprouver une vive surprise, mais une une surprise qui n'était motivée que par la présence inopportune d'un homme placé à sa porte, à cette heure matinale.

Le jour commençait à poindre, les premiers rayons de l'aube glissaient dans le corridor, mais il était peu naturel qu'à Marly on se levât d'aussi grand matin.

La comtesse avait endossé son costume de chasse de la veille, elle tenait sa cravache à la main et paraissait disposée à quelque course lointaine.

Elle regarda Michaël; Michaël était immobile et muet devant elle.

S'il eût écouté la voix secrète et tumultueuse de son cœur, le colonel des Suisses se fût agenouillé devant elle et lui eût dit :

— Madame, n'êtes-vous point la femme de ma jeunesse, la femme qui recueillit mon premier aveu, sinon mon premier baiser?

Heureusement il était homme, et homme fort chaque fois que le péril ou l'émotion se présentaient en face, et il avait acquis, quoiqu'en eût dit le médisant chevalier, un certain aplomb à la cour de France qui lui ferma prudemment la bouche en ce moment.

— Tiens, fit la comtesse de l'air le plus naturel du monde, que faites-vous donc ici, monsieur le colonel des Suisses? car c'est bien vous, je crois, qui accompagniez hier Sa Majesté?

— Oui, madame, répondit Michaël que cette voix troublait profondément.

— Est-ce que vous avez des insomnies, que vous vous promenez ainsi par les corridors la nuit, comme une âme en peine?

— Non, balbutia le duc.

— Vous avez la mine bouleversée, monsieur ; vous êtes pâle comme un fantôme... poursuivit-elle d'un ton léger.

— Mais... je ne crois pas... je...

— Ah ! fit-elle en riant, je comprends : vous êtes en bonne fortune, et je vous surprends.

— Mais je vous jure...

— Ne jurez pas. Je suis maladroite,

c'est ma faute. Voudriez-vous m'indiquer les écuries ?

— Les écuries? fit Michaël de plus en plus ému, et pourquoi?..

— J'y veux prendre mon cheval.

— A cette heure?

— Je m'éveille de grand matin.

— Et... où allez-vous? demanda Michaël, dont le trouble allait croissant.

— A Paris, monsieur le duc.

— A Paris !

— Cela vous étonne-t-il ?

— Dame ! babutia Michaël, c'est que je suis colonel des Suisses.

— Je le sais.

— Et la garde du château m'est confiée.

— Ah ! très bien ! On peut, en ce cas, dormir sur les deux oreilles, à Marly.

— Et j'ai une consigne sévère.

— Bah !

— Personne ne peut sortir du château avant huit heures.

— Même les étrangers ?

— Comme tout le monde.

— Ah çà! dit la comtesse jouant le dépit, le roi de France n'est pas un roi, c'est un geôlier. Savez-vous que c'est fort ennuyeux, monsieur le duc! Il faut pourtant que je parte absolument.

— Madame... fit Michaël hésitant.

— Cette consigne ne peut regarder les femmes.

— Au contraire.

— Ah! dit la comtesse avec dédain, je

comprends alors : le roi l'a donnée pour moi.

— Mais non, je vous jure. Elle a toujours existé.

— Monsieur le duc, fit la comtesse d'une voix insinuante, vous êtes un homme d'honneur, n'est-ce pas?

— Je le crois, madame.

— Et vous ne voudriez pas, pour respecter une consigne insignifiante, exposer une femme à de grands dangers?

Michaël tressaillit,

— Monsieur, reprit la comtesse, je vous jure que je suis en péril.

— Vous, madame ?

— En péril très grand...

— Je ne vous comprends point, madame.

— Je ne puis m'expliquer.

Michaël crut que la comtesse redoutait cet enlèvement prévu par le roi.

— Vous êtes en sûreté, madame, répondit-il.

— Vous vous trompez, monsieur le duc.

— Je vous jure le contraire, madame; en voulez-vous une preuve ?

La comtesse secoua la tête.

— Tenez, dit Michaël, vous avez été étonnée de me trouver à votre porte ?

— Sans doute.

— J'y étais par l'ordre du roi.

— Ah bien ! pour me garder ?

— Pour vous défendre, madame, murmura Michaël avec un enthousiasme que la comtesse ne parut point s'expliquer.

— C'est-à-dire, dit-elle, que le roi redoute si fort que je lui échappe, qu'il place des sentinelles à ma porte.

A ces mots, Michaël recula comme s'il eût été mordu par un reptile. Il n'avait point songé encore aux conséquences fatales de sa mission.

— Monsieur le duc, reprit la comtesse donnant à sa voix l'inflexion de la prière, je suis de maison princière italienne; mes pères étaient purs...

Michaël frissonna : cette femme n'était pas, ne pouvait pas être la Louve.

— Je ne suis ni une madame de Châteauroux ni une madame d'Étiolles ; comprenez-vous ?

Il sembla à Michaël que ces dernières paroles lui descendaient sur le cœur comme un baume.

— Et je ne veux pas de leur emploi, continua la comtesse.

— Vous avez raison, dit vivement Michaël.

— Vous m'avez compris ?

— Oui, madame.

— Alors, veuillez lever pour moi votre rigoureuse consigne et me conduire aux écuries.

L'esprit de Michaël était à la torture; il n'osait s'avouer qu'il aimait cette femme, et cependant la pensée que le roi l'aimait lui causait une brûlante douleur; et cependant encore pouvait-il, lui, au service du roi, trahir le roi en favorisant la fuite de la comtesse?

Une lutte terrible de deux minutes eut lieu entre la passion et la jalousie d'une part, et le devoir de l'autre. Enfin, le devoir fut vaincu.

— Oui, madame, dit-il avec feu, oui, vous avez raison, il faut que vous partiez, il le faut !

Et il la prit par la main et l'entraîna.

Ils descendirent ainsi, traversant les corridors déserts et cheminant sur la pointe du pied.

Un Suisse veillait à la porte des écuries.

— Selle un cheval, lui dit Michaël.

— Le mien, fit la comtesse.

— Non, observa Michaël : il est las de la chasse d'hier, il ne faut pas qu'on puisse vous rejoindre.

— Monsieur le duc, dit tout bas la comtesse paraissant se méprendre sur la nature de l'intérêt qu'elle inspirait au colonel des Suisses, vous êtes un noble cœur.

Cet éloge donna le vertige à Michaël.

— Et je n'oublierai point...

— Assez, madame, fit Michaël ému.

— Laissez-moi vous remercier, au contraire...

— C'est inutile, madame : j'accomplis le devoir d'un honnête homme.

— Mon Dieu! fit-elle, peut-être le roi...

— Eh bien?

— Le roi vous disgrâciera-t-il, pour avoir ainsi...

— Je suis prêt à lui remettre ma démission de mes emplois et de mes charges.

— Ah ! ce serait affreux ! et c'est moi qui en serais la cause... moi qui vous suis inconnue...

— En effet, madame, murmura Michaël, vous m'êtes inconnue, mais...

Il s'arrêta tremblant ; la comtesse sembla lui dire du regard : Continuez donc, je vous prie.

— J'ai connu une femme...

Il s'arrêta encore ; la comtesse attendit.

— Une femme qui vous ressemblait.

— En vérité ?

— D'une façon frappante, madame.

— Ah ! dit la comtesse jouant le dépit d'une coquette à qui l'on apprend qu'il est une femme aussi jolie qu'elle, c'est vraiment bien extraordinaire, monsieur le duc.

— C'est étrange, madame.

— Et comment se nommait-elle ?

— Oh ! dit Michaël, c'était une paysanne, n'en soyez point jalouse, madame; elle avait un nom singulier.

— Mais encore ?

— Elle se nommait la Louve.

La comtesse se prit à rire :

— Nom singulier, en effet, et coïncidence plus singulière encore, car cette femme qui me ressemblait avait un nom à peu près semblable au mien. Vous savez que je me nomme la comtesse de Lupe.

— C'est bizarre, murmura Michaël.

— Les Lupe, continua l'Italienne négligemment, sont alliés par les femmes aux grands-ducs de Toscane et aux rois

— Ah! fit Michaël retombé dans sa rêverie noire de la veille.

— Et vous dites qu'elle me ressemblait.

— Étrangement. Avec cette différence, madame, qu'elle était paysanne, que sa chevelure était inculte et ses mains calleuses, tandis que vous avez les cheveux les plus beaux du monde et des mains de reine.

— Eh bien! dit la comtesse en riant, baisez-les, duc.

Et elle les lui tendit, ajoutant :

— Je vous dois bien cela pour le service que vous me rendez.

Le Suisse amenait le cheval, Michaël courba son genou et l'offrit comme étrier.

La comtesse l'effleura à peine de son pied léger et sauta lestement en selle.

Il sembla en ce moment, au colonel des Suisses, que le départ de cette femme, c'était quelque chose de sa vie qui l'abandonnait.

— Vous arrêterez-vous à Paris? demanda-t-il d'une voix tremblante.

— Non, dit la comtesse. Le sol de la cour de France est glissant, je n'y veux point faire un faux pas. Je retourne en Italie; si vous venez à Rome, demandez l'hôtel de Lupe.

— Bien, dit Michaël en s'inclinant, mais sans lâcher la bride du cheval.

— A propos, duc, vous seriez aimable, quand je serai partie de prévenir mon cousin, le marquis della Strada, qu'il me retrouvera il sait où.

Un nuage passa sur les yeux de Michaël.

— Vous serez obéie, madame, dit-il.

— Et puis, ajouta la comtesse, tenez, voici un mot pour le roi... Adieu, duc, et merci !

Et l'Italienne poussa son cheval et s'éloigna au galop.

Michaël rentra au château tout pensif; il se fit conduire à l'appartement occupé par le marquis della Strada et l'éveilla.

— Monsieur, lui dit-il, habillez-vous.

— Pourquoi cela ?

La veille, Michaël avait tressailli en

voyant le blond marquis napolitain; il tressaillit de nouveau et plus fort au son de sa voix. Cette voix ressemblait à la voix de Wilhem.

Et cependant Wilhem était brun, et le marquis, malgré son origine méridionale, avait le teint clair et rosé des hommes du Nord.

— Que diable voulez-vous que je me lève à cette heure? fit le marquis.

— La comtesse est partie.

— Partie?

— Oui,

— Et depuis quand?

— Depuis dix minutes.

— Bah! et pourquoi?

— Vous n'avez donc rien vu, hier?

— Pardon, je me suis aperçu que le roi la trouvait fort bien, et elle l'est, à vrai dire.

— Eh bien! c'est pour cela qu'elle est partie.

Le marquis haussa les épaules.

— Est-ce que je n'étais point là pour la défendre?

— Il est des dangers...

— Bah! elle est la fille de la sœur de mon père, et je vous prie de croire...

— Monsieur, interrompit brusquement Michaël, est-ce vrai ce que vous dites là?

— Pourquoi cette question?

— Vous paraît-elle indiscrète?

— Sans doute.

— Eh bien! je vous en supplie, répondez-y.

— Que vous importe?

— Monsieur, dit Michaël d'une voix émue, j'ai la réputation d'être très brave, et on y regarde à deux fois avant de croiser le fer avec moi.

— Je ferai votre partie, monsieur.

— Ce n'est point un défi que je vous porte, monsieur... je veux simplement vous faire comprendre qu'il faut un motif bien puissant pour me contraindre à descendre jusqu'à la prière.

— Eh bien ! oui, monsieur, dit le marquis, il est bien vrai que la comtesse est ma cousine,

— Vous n'êtes pas son mari?

— Non.

— Son fiancé?

— Pas davantage.

— Son amant?

— Pas le moins du monde.

Michaël respira.

— Ah çà! mais, dit tout à coup le marquis, pourquoi diable me faites-vous toutes ces questions?

— Je n'en sais rien, balbutia Michaël.

— Dieu me pardonne! exclama le marquis en riant, je gagerais que vous aimez la comtesse.

— Peut-être, murmura Michaël.

Et il s'en alla brusquement, laissant le marquis stupéfait.

CHAPITRE HUITIÈME

VIII

Le roi s'était éveillé de bonne heure.

Il avait plus mal dormi encore que la nuit précédente, et, à chaque bruit léger résonnant dans le château, il avait failli sauter à bas de son lit, croyant toujours qu'on enlevait la comtesse.

Aussitôt éveillé, le roi fit appeler son colonel des Suisses.

Michaël arriva sur-le-champ.

Le duc était pâle et défait. En sortant de chez le marquis della Strada, il s'était enfui dans le parc de Marly, comme s'il eût eu besoin de cacher à tous les yeux ses traits bouleversés et sa poignante émotion.

— Eh bien ? lui demanda vivement le roi.

Michaël parut attendre que Louis XV complétât sa pensée.

— Il n'est rien arrivé ?

— Non, sire.

— On n'a fait aucune tentative ?

— Aucune.

— Et la comtesse dort paisiblement, ses beaux bras arrondis en forme d'oreiller ?

— La comtesse, dit froidement Michaël choqué des derniers mots du roi, la comtesse n'est plus à Marly.

Le roi fit un soubresaut.

— Êtes-vous fou, duc? s'écria-t-il.

— Peut-être le suis-je, sire, murmura-t-il tristement, mais je dis vrai.

— La comtesse est partie?

— Depuis une heure.

— Et où est-elle allée? demanda vivement Louis XV.

— A Paris, sire.

— Mais pourquoi? fit le roi au comble de l'étonnement et de l'inquiétude.

Michaël se souvint du billet que lui

avait remis la comtesse, et il le tendit au roi.

Le roi l'ouvrit vivement et lut en pâlissant les lignes suivantes :

« Sire,

» Je n'oublierai jamais le gracieux et charmant accueil de Votre Majesté, j'en ai été vivement touchée et je quitte à regret la cour de France. Mais je me suis aperçue hier de l'ombrage que je causais innocemment à la marquise de Pompadour, et, bien que je sois persuadée d'avance que Votre Majesté n'a jamais songé un seul instant à ternir le nom que je porte, je ne me sens point le courage de causer la moindre peine à cette pauvre marquise, dont les mérites sont bien supérieurs aux miens... »

La lettre échappa aux mains de Louis XV.

— On n'est pas, dit-il, plus impertinent et plus respectueux à la fois.

Puis, comme il avait besoin de passer sa colère sur quelqu'un, il se tourna vers Michaël et lui dit avec un regard glacé :

— Je croyais, monsieur, que vous

étiez mon colonel-général des Suisses?

— J'ai cet honneur, en effet, sire.

— Alors, je ne comprends pas bien qu'un officier général à mon service ne sache point l'étendue de ses devoirs.

Michaël se tut.

— La garde du château vous était confiée, monsieur, poursuivit le roi dont la colère allait croissant.

— Je l'ai fidèlement gardé, sire.

— Et c'est pour cela que vous avez

laissé partir, sans mon ordre, la comtesse de Lupe ?

— Je ne pensais pas que Votre Majesté eût l'habitude de retenir ses hôtes prisonniers, répondit Michaël dont la colère commençait à naître en devinant les prétentions du roi; dont il se sentait fatalement le rival.

Cette répartie exaspéra le roi.

— Monsieur, dit-il à Michael, j'attends avant midi votre démission des emplois et des charges que vous occupez dans ma maison. Allez !

Michaël s'inclina froidement et sortit sans ajouter un mot.

———

Quand madame de Pompadour apprit ce qui s'était passé, elle dit :

— La moitié de ma besogne est faite ; mais il faut que cette femme ait des motifs secrets bien puissants pour agir ainsi. On ne vend point la faveur d'un roi de France aussi bon marché.

CHAPITRE NEUVIÈME

IX

En sortant de chez le roi, Michaël se rendit chez sa femme.

La duchesse était au lit encore, et elle avait eu une migraine si violente, que sa situation d'esprit s'en ressentait. La blonde duchesse avait des orages dans la tête et dans le cœur.

— Madame, lui dit Michaël, je ne suis plus colonel-général des Suisses.

— Êtes-vous fou? demanda la duchesse qui bondit sur son séant et le regarda avec stupéfaction.

— Et je ne serai point chevalier de l'Ordre.

— Mais vous divaguez!

— Je parle sérieusement. Je vais envoyer ma démission au roi dans dix minutes.

Michaël était si pâle que la duchesse s'écria :

— Que vous est-il donc arrivé, mon Dieu ?

— J'ai eu le tort de déplaire au roi.

— Vous ?

— J'ai manqué à tous mes devoirs de gentilhomme et de soldat.

La duchesse, peut-être, n'aimait plus son mari, mais elle avait certainement encore une foi profonde en sa loyauté sans bornes, en son dévoûment sans limites à la cause qu'il servait, car elle lui dit :

— Ceci est impossible !

— Je dis vrai, madame.

— Mais quels sont donc les devoirs que vous avez oubliés ? de quoi s'agit-il donc, monsieur ? fit-elle au comble de la stupeur.

— J'avais la consigne de ne laisser sortir personne du château avant huit heures.

— Et qui donc est sorti ?

— La comtesse italienne.

La duchesse regarda Michaël. Sa pâleur avait encore augmenté.

— Mais elle s'est échappée, vous n'en avez rien su : ce n'est point votre faute.

— C'est moi qui lui ai tenu l'étrier.

— Vous ! et pourquoi ? comment ?

— La comtesse voulait quitter Marly à tout prix, elle se repentait d'y être venue.

— Elle ? fit dédaigneusement la duchesse.

— Pourquoi pas ? demanda Michaël avec une animation qui blessa sa femme.

— Je croyais que c'était une aventurière, fit-elle avec dédain.

— Vous vous trompiez, madame ! s'écria Michaël pris d'une colère subite.

La duchesse oublia la gravité de la situation et laissa échapper un éclat de rire.

— Dieu me pardonne ! fit-elle, je crois que le chevalier m'a dit vrai.

— Que vous a-t-il dit ?

— A voir l'enthousiasme de paladin, continua-t-elle pour compléter sa pensée, que vous mettez à la défendre, on le jurerait.

— Je ne vous comprends pas, madame, murmura Michaël troublé.

— Moi, je comprends parfaitement ce qu'a dit le chevalier et je commence à le croire.

— Mais enfin, que vous a-t-il dit ?

— Que vous aimiez cette femme, minauda la duchesse avec un perfide sourire.

— Moi ? fit Michaël dont le trouble augmenta.

— Que voulez-vous, cher ? dit la duchesse, dont les lèvres blémirent de colère, car elle devinait ce qui se passait dans l'âme de son mari : elle ressemble étragement à la Louve.

Michaël tressaillit.

— Ah! s'écria la duchesse avec un rire de pitié, ce nom-là vous cause une bien vive émotion, mon pauvre cher.

— Vous vous trompez, madame, répondit le duc redevenu maître de lui.

— Il se peut ; mais il n'y aurait rien d'étonnant à cela cependant...

— Vous devez vous rappeler, madame, puisque vous évoquez d'aussi lointains souvenirs, que j'ai, par amour pour vous, indignement traité cette femme.

— Allez-vous la plaindre à présent ? Ceci serait du dernier comique, cher, riposta la duchesse qu'effleurait le premier aiguillon de la jalousie.

— Cette femme m'aimait avec passion,

madame, dit gravement Michaël ; je l'avais oubliée : pourquoi prononcer son nom ?

— Son amour était quelque peu féroce.

— Hé ! madame, fit le duc avec emportement, chacun aime à sa manière. C'était une sauvage comme moi, son amour se ressentait de son éducation, et elle n'avait point appris les belles manières et le langage fleuri à la cour de France.

L'accent de Michaël témoignait qu'il

était blessé profondément; la duchesse comprit qu'elle était allée trop loin, et se radoucissant soudain :

— Pardonnez-moi, mon ami, dit-elle, mais vous étiez si extraordinaire, si sombre, hier...

— Ah! dit Michaël dont l'esprit voyageait déjà bien loin de Marly.

— Et je suis vraiment bien coupable, reprit la duchesse, changeant soudain de système, de vous faire ainsi une mauvaise querelle, quand vous venez de subir un revers.

Le ton caressant de la duchesse, en opposition avec ses aigres paroles de tout à l'heure, toucha profondément Michaël.

— Je vous remercie, madame, dit-il avec douceur.

— Pourquoi donc aussi, mon pauvre Michaël, continua-t-elle d'une voix harmonieuse, qui rappelait cette belle marquise apparue à la tour des Gerfauts comme une fée parmi des bandits, pourquoi donc aussi faites-vous le chevalier errant et le redresseur de torts imaginaires? Hé! cher, qu'aviez-vous besoin de favoriser l'évasion de l'Italienne ?

— Madame, répondit le duc avec calme, il fut un temps où je me croyais, de bonne foi, un être impur et souillé; depuis vous avez pris tant de peine à me prouver que j'étais encore un honnête homme, que j'ai fini par le croire.

— Où voulez-vous en venir, mon cher duc?

— A ceci, madame : que, lorsque la fatalité le conduit à être dans la terrible alternative de sauver l'honneur d'une femme ou de perdre le sien en partie, en manquant à son devoir, un honnête homme ne doit point hésiter.

Cette noble réponse émut la duchesse.

Les femmes sont toujours accessibles aux sentiments chevaleresques. En s'exprimant ainsi, le duc de Valseranges rappelait à sa femme le Michaël d'autrefois.

Elle lui tendit la main.

— Michaël, lui dit-elle, vous êtes un grand cœur, et les revers du sort ne peuvent vous atteindre. Le roi vous congédie. Eh bien ! il nous reste une fortune considérable, nous sommes riches, nous irons vivre dans nos terres, tous deux et seuls nous nous y aimerons comme aux premiers jours de notre hymen; nous passerons notre vie en Touraine, dans mon château patrimonial, à l'ombre des grands saules qu'incline le vent, au bord de l'eau qui murmure, dans le plus beau pays du monde et sous le ciel le plus doux de notre France. Est-il besoin, pour être heureux, des hochets de la vanité, des fumées de l'ambition ? Non, mon Michaël, nous ne demandions rien de tout cela à l'Adlers-Nest, et il doit vous souvenir que nous y étions bien heureux.

La duchesse était belle en parlant ainsi ; elle avait retrouvé ces séductions enivrantes de la femme du monde qui veut bien oublier son atmosphère habituelle pour parler paysage, nature mélancolique et amour profond ; elle fascina un moment Michaël, qui oublia la Louve, la comtesse, le roi, l'univers entier pour la prendre dans ses bras et l'y serrer.

— Mon petit Michaël, continua-t-elle, j'étais ambitieuse : j'ai eu tort, grand tort, car l'ambition est une route aride, brûlée du soleil et bordée de précipices sans nombre; mais c'était pour vous. Une femme est si fière d'élever l'homme qu'elle aime et qui lui appartient au-dessus de la foule, de lui faire un piédestal si haut que le regard seul y puisse atteindre pour admirer et s'incliner! Eh bien! le piédestal se renverse; le rêve est brisé, consolons-nous; nous venons de descendre brusquement les marches roides de la grandeur. Mais il nous reste un tapis de verdure, un peu de gazon pour y asseoir notre amour, et quand on touche la terre du pied, on ne peut plus tomber.

Michaël pressait les mains de sa femme avec ivresse, et il lui semblait être encore dans cette plaine fleurie qu'ils traversèrent, un matin, pour se rendre de la tour des Gerfauts à l'Adlers-Nest.

— Mon ami, reprit-elle, maintenant que vous voilà consolé il faut que je vous afflige de nouveau.

— Le duc regarda sa femme.

— Tous les malheurs viennent à la fois, mon ami. Vos frères vous ont fait bien du mal, mais ils étaient de votre sang, ils portaient votre nom.

— Eh bien ? demanda Michaël.

— Tenez, dit la duchesse en lui tendant la lettre du bonhomme Walkenein.

— Michaël lut avec émotion les détails de la fin sinistre des derniers Gerfauts ; — mais la duchesse ne voulait point abandonner de sitôt son rôle d'enchanteresse ; et puis, elle était jalouse ! elle voulait que Michaël l'aimât encore !

— Mon ami, lui dit-elle, c'est un malheur irréparable ; on se console de la mort, car tout ce qui est absolu et sans remède s'efface à peu près du souvenir et du cœur. Quand un lien se brise, un autre lien se forme. L'histoire de la vie, le mystère de la nature sont là. Nous allons partir aujourd'hui même, dans deux jours on nous aura oubliés ici, — et l'oubli, si cruel pour ceux qui sont seuls, est une bonne et douce chose quand on est deux. L'amour aime l'isolement du monde et son indifférence. Rentrez chez vous, allez y préparer votre démission, mettez ordre à vos affaires, et disposez tout pour notre départ.

La voix de la duchesse était de plus en plus caressante, et madame de Valseranges était si belle en ce moment, qu'elle acheva d'effacer par son sourire l'image confuse déjà de l'Italienne

Michaël sortit.

— Très bien, se dit alors la duchesse, il m'aime encore, et elle est partie ! Dussé-je l'emmener au bout de l'univers, il ne la reverra pas.

Mais en prononçant ces mots, qui prouvaient que la scène qui venait d'avoir lieu avait été jouée en comédienne consommée, la duchesse s'arrêta brusquement à une pensée nouvelle.

— Le marquis est parti aussi, se dit-elle.

Nous n'affirmerions point que la duchesse eût ressenti déjà pour le Napolitain une passion identique à celle qu'avait éprouvée Michaël pour la comtesse, mais à coup sûr elle n'était point demeurée insensible aux habiles séductions de l'élégant marquis, et les propos légers et imprudents du chevalier avaient peut-être complété cette impression.

Fort heureusement, la duchesse était, en réalité, plus coquette que légère; quoi qu'elle pût en dire, elle conservait pour Michaël une sincère affection, et sa réputation était intacte au milieu de la cour la plus médisante et la plus dissolue de l'Europe.

Après une minute de dépit, la duchesse se prit à rire et se dit :

— Eh bien ! que m'importe le départ de cet homme ? Ne suis-je point la femme de Michaël ?

Et la duchesse sonna ses femmes pour se faire habiller.

FIN DU PREMIER VOLUME.

Fontainebleau, imprimerie de E. Jacquin.

NOUVEAUTÉS EN LECTURE

DANS TOUS LES CABINETS LITTÉRAIRES

Les Amours d'Espérance, par Auguste Maquet, collaborateur d'Alexandre Dumas. 5 vol. in-8.
La Tombe-Issoire, par Élie Berthet. 4 vol. in-8.
Le Comte de Sallenauve, par H. de Balzac. 5 vol. in-8.
Les Amours de Vénus, par Xavier de Montépin. 4 vol. in-8.
La Dernière Favorite, par madame la comtesse Dash. 3 v. in-8.
Robert le Ressuscité, par Molé-Gentilhomme. 4 vol. in-8.
Les Tonnes d'Or, par le vicomte Ponson du Terrail, auteur de la *Tour des Gerfauts*, les *Coulisses du monde*, etc., etc. 3 vol. in-8.
Les Libertins, par Eugène de Mirecourt, auteur des *Confessions de Marion Delorme*, etc., etc. 2 vol. in-8.
La Famille Beauvisage, par H. de Balzac. 4 vol. in-8.
Un Roué du Directoire, par Eugène de Mirecourt. 2 vol. in-8.
Le Député d'Arcis, par H. de Balzac. 4 vol. in-8.
Mercédès, par Madame la comtesse Dash. 3 vol. in-8.
Blanche de Savenières, par Molé-Gentilhomme. 4 vol. in-8.
La Fille de l'Aveugle, par Emmanuel Gonzalès. 3 vol. in-8.
Le Château de La Renardière, par Marie Aycard. 4 vol. in-8.
Les Catacombes de Paris, par Élie Berthet. 4 vol. in-8.
La Tour des Gerfauts, par le vic. Ponson du Terrail. 5 v. in-8.
La Belle Gabrielle, par Auguste Maquet, 5 vol. in-8.
La dernière Fleur d'une Couronne, par madame la comtesse Dash. 3 vol. in-8.
L'Initié, par H. de Balzac. 2 vol. in-8.
Laurence de Montmeyllan, par Molé-Gentilhomme. 5 vol. in-8.
Le Garde-chasse, par Élie Berthet. 3 vol. in-8.
Le Beau Laurent, par P. Duplessis, aut. des *Boucaniers*. 4 v. in-8.
La chute de Satan, par Auguste Maquet. 6 vol. in-8.
Rigobert le Rapin, par Charles Deslys, auteur de *Mademoiselle Bouillabaisse*, la *Mère Rainette*, etc., etc. 4 vol. in-8.
Madame de la Chanterie, par H. de Balzac. 1 vol. in-8.
Le Guetteur de Cordouan, par Paul Foucher. 3 vol. in-8.
La Chasse aux Cosaques, par Gabriel Ferry, auteur du *Coureur des Bois*. 5 vol. in-8.
Le Comte de Lavernie, par Auguste Maquet. 4 vol. in-8.
Montbars l'Exterminateur, par Paul Duplessis. 5 vol. in-8.
Un Homme de génie, par madame la comtesse Dash. 3 vol. in-8.
Le Garçon de Banque, par Élie Berthet. 2 vol. in-8.
Les Lorettes vengées, par Henry de Kock. 3 vol. in-8.
Roquevert l'Arquebusier, par Molé-Gentilhomme. 4 vol. in-8.
Mademoiselle Bouillabaisse, par Ch. Deslys. 3 vol. in-8.
Le Chasseur d'Hommes, par Emmanuel Gonzalès. 2 vol. in-8.

Imprimerie de Gustave GRATIOT, 30, rue Mazarine.

www.ingramcontent.com/pod-product-compliance
Lightning Source LLC
Chambersburg PA
CBHW060511170426
43199CB00011B/1403